스무 밤 런던과 나

아주 평범한 런던 여행기

스무 밤 런던과 나

초판 1쇄 발행 ᅵ 2018년 6월 5일

글, 사진 ᅵ 김예슬
펴낸이 ᅵ 공상숙
펴낸곳 ᅵ 마음세상

주소 ᅵ 경기도 파주시 한빛로 70 507-204

출판등록 ᅵ 2011년 3월 7일 제406-2011-000024호

ISBN ᅵ 979-11-5636-251-7 (03920)

원고 투고 ᅵ maumsesang@nate.com

* 값 13,000원

* 마음세상은 삶의 감동을 이끌어내는 진솔한 책을 발간하고 있습니다. 참신한 원고가 준비되셨다면 망설이지 마시고 연락주세요.

국립중앙도서관 출판예정도서목록(CIP)

스무 밤 런던과 나 / 글사진: 김예슬. – 파주 : 마음세상,
2018
  p. ;   cm

ISBN 979-11-5636-251-7 03920 : ₩13000

여행기[旅行記]
런던(영국)[London]

982.402-KDC6
914.204-DDC23   CIP2018015015

스무 밤 런던과 나

글 · 사진 김예슬

마음세상

여행을 시작하며

스물둘의 봄, 우연히 특별한 프로젝트의 공지를 보게 되었습니다. 후배들이 책상 앞에만 머물기보다 더 넓게 보고 더 많이 느끼길 바라는 마음에, 주어진 선택지에 자신을 맞추려 애쓰기보단 스스로 삶의 답변을 써 내려가길 바라는 마음에, 대학 선배 두 명이 후배의 여행을 지원해주는 프로젝트였습니다. 〈오늘은 리즈〉라는 프로젝트 이름을 보자마자 떠나보고 싶다는 마음이 들었고, 아주 운좋게도 비행기에 오르게 되었습니다!

그렇게 스물둘의 여름, 런던에 가게 되었습니다. 혼자서 스무 밤을 런던에서 보내며 런던보다 더 잘 알게 된 것은 나 자신이었습니다. 눈 깜빡하니 스물둘이 되어 있었고, 그때는 모든 것이 혼란스러웠습니다. 나는 누구인지, 어떻게 살아가야 할지, 시간은 왜 이리 빠른지, 모든 것이 버겁고 무섭고 낯설었습니다. 이 여행기는 이런 고민과 질문들에 관한 여행기입니다.

저의 여행기는 친절하지 않습니다. 목적지로 향하는 길에 대한 자세한 설명이나 특별한 명소, 맛집에 관한 이야기는 무척 드뭅니다. 저의 여행기는 화려하지도 않습니다. 이목을 끄는 사진이나 빛나는 순간 역시 드뭅니다. 대신 저의 여행기는 아주 사소하고, 아주 개인적이고, 아주 평범합니다. 처음으로 혼자 하는 여행에 겁먹었고, 누구나 할 법한 고민을 잔뜩 했고, 서툴렀습니다. 아마 친절한 여행기나 무척 멋있는 여행기를 기대하신다면 실망하실지도 모르겠습니다.

대신 제 여행기는 아주 평범한 방식으로 위로가 되고자 합니다. 런던에서 했던 평범한 생각과 고민, 느꼈던 감상, 짧게나마 얻었던 해답들을 나누고자 합니다. 유독 긴 밤, 답답한 마음, 답이 없는 질문들에 휩싸인 이들에게 런던의 풍경을 나누고자 합니다.

그럼, 함께 여행을 시작해보아요.

런던과 나
단둘이서

키다리 아저씨들

스물두 살의 여름이었다. 어린 시절 내가 가장 좋아했던 고전은 〈키다리 아저씨〉였다. 편지를 이용해 소통하는 것이 좋았고, 그렇기에 다른 이들은 모르는 서로만의 모습을 알 수 있다고 믿었다. 또 어렸을 때부터 모든 모습을 보아온 사람과 이루어진다는 설정이 매우 낭만적이었다.

스물두 살의 여름이었다. 어린 시절 책을 열심히 읽은 것에 대한 보답일까, 나에게는 키다리 아저씨가 두 명이나 생겼다. 실은 〈오빠〉에 가까운 아저씨들이 내 여행을 지원해주겠다고 나섰다.

그런 여행 말고

정식 후원자도 생겼겠다, 나는 의기양양하게 키다리 아저씨들에게 여행 계획서를 내밀었다. 다른 삶을 사는 사람들의 일상을 보고 싶어요, 그 일상을 글로 옮기고 싶어요, 저에게는 낯설면서 그들에겐 익숙할 그 모든 것들을 보고 싶어요, 라고.

그러나 나는 퇴짜를 맞고 말았다.

"그런 여행 말고, 너한테 집중하는 여행을 떠나보는 거 어때?"

나?

태어나 스물두 살이 되기까지 '나'에 대해서 생각할 기회가 있었나.

게임이라면 가위바위보조차 피하는 내가 사족을 못 쓰는 게임이 있다. 딸 키우기, 아들 키우기, 강아지 키우기와 같은 육성 게임이다. 채워야 할 항목과 달성해야 할 미션이 예쁜 글씨로 빛나고 있고 게이지를 채울 때마다 아이 혹은 강아지는 자란다. 그 끝은 공주일 수도, 전국 대회 1등 강아지일 수도 있다.

나는 '나' 역시도 육성해 마지않았던 것 같다.

"너는 지금까지 채워오기만 한 거네? 한 번도 잃어보거나 비운 적은 없는 거지?" 키다리 아저씨 중 한 명이 물었다. 오, 나는 건방지게도 실제로 그랬다. (나는 그때 정말 이들이 진짜 키다리 아저씨인지 의심했다. 말 몇 마디 나누었다고 이렇게 나를 파악해……? 사실 어렸을 때부터 정기 후원해왔던 거 아냐……?)

'하고 싶은 것'과 '해야 하는 것'의 경계가 없는 삶이 내 삶이었다. 육성 게임 캐릭터 키우듯 꾸역꾸역 나를 욱여넣기만 해왔고, 마침 그때는 내가 욱여넣은 것이 무엇인지도 구별이 안 되기 시작하던 때였다.

작은 것에도 의미부여를 잘 하고, 그래서 모든 곳에서 발사하고 있는 나를 향한 메시지를 척척 잡아내던 내가 사라져가던 때였다. 아마 무조건 욱여넣던 모든 것들이 나를 소진시켜가고 있었나 보다.

"그래, '너'에 대해 생각해봐. 과연 꾸역꾸역 사는 삶이 맞는지, 네가 정말로 그걸 사랑하는지, 좀 더 용감하고 고유하게, 독특하게 네 삶을 바꿀 순 없는지, 네가 진짜 원하는 게 무엇인지와 같은 것."

여행은 준비 과정마저 여행이라고 했다. 그 순간이었다, 내 여행이 시작된 것은. 이 여행에서 무엇을 해야 할까가 명확히 정립되던 순간이었다.

한때 나이에 2가 생기는 일이 평생 오지 않을 것이라고 믿던 때가 있었다. 정신 차려보니 어느새 22살, 2가 무려 두 개, '따블 투 라이프'가 시작되어 있었고 대학 생활은 어느새 절반이 지나갔다. 내 젊은 날이 속절없이 흘러가 버리기 전에, 나는 나에게 나 지침서, 나 사용 설명서를 얼른 만들어 줄 필요가 있었다. 적어도 어떤 삶을 살고 싶은지, 적어도 어떤 사람이 되고 싶은지와 같은 가이드라인을 만들어 줄 필요가 있었다.

런던에선 이걸 하자! 나를 발견해서 나 지침서를 만들어 주는 거야!

런던에 대해서

왜 하필 런던이었는지, 한 도시에 머물면서 차근차근 천천히 나를 살펴볼 것이라는 목표는 세웠지만 왜 그 도시로 런던을 택했는지는 사실 잘 모르겠다.

현실적인 측면에서, 머물러도 할 것이 많은 도시라고 느꼈다. 전시, 공연, 그리고 공원. 그리고 여자 혼자 생활하기에 그나마 안전한 도시라고 판단했다. 치안도 우수하고 영어를 사용하니까 의사 소통도 되고!

그저 이유 모르게 끌렸던 이유로는 아마도 런던이 마법의 도시라고 믿었기 때문인 것 같다. 해리포터의 도시, 런던아이 밑으로 템즈 강이 우아하게 흐르는 도시, 무슨 일이 생길 것만 같은, 펼쳐질 것만 같은.

'따블라이프'에 이르기까지 깨달은 것은 삶은 끝없는 괴리라는 것이다. 과거와 현재는 끊임없이 불협화음을 만든다. 상상했고 꿈꾸었던 나는 현재에 끊임없이 지고 작아진다. 물론 일치하는 부분도 많지만, 자의에 의해서, 타의에 의해서 자꾸만 내 현재는 과거에 그렸던 현재보다 형편없어진다.

마법을 믿을 수밖에 없는 이유는 이런 괴리가 주는 슬픔 때문이다. 마법은 못된 희망 고문이긴 하지만 말 그대로 '희망'이기도 하니까. 나에게, 내 삶에, 이 세상에 마법 같은 일이 생길 거라는. 마법은 희망이기에 괴리를 만들지 않는다.

나는 런던이 마법의 도시라고 생각했던 것 같다. 진짜 그럴지는 가봐야 알겠지만!

떠나게 되며 발견하는 것들

① 개복치

여행을 준비하며 발견한 내 첫 번째 모습은 (원래도 알고 있던 것이긴 하다만) 심각한 걱정쟁이라는 것이다. 어쩌면 나를 육성 게임의 캐릭터로 만들었던 것도 정해진 루트를 이탈하기 싫어 안달이 난 쫄보기 때문인 것 같다.

혼자 하는 여행 자체가 처음인 데다가 서울과 무려 8,000km가 떨어진 런던에서의 20일을 혼자 헤쳐나갈 수 있을지 무서워서 그냥 가기 싫다는 생각을 준비하는 내내, 무려 30일간 하루도 빠짐없이 했다. 매일 새벽 여행 커뮤니티를 드나들고 여행 책자를 읽으며 예습에 예습을 이어나갔다.

상상력이 풍부하고 예민하다는 것은 아무나 가질 수 없는 장점이라는 것을 알지만 이상한 방향으로 발동되면 참 자신을 피곤하게 한다.

다음은 내가 런던 여행을 걱정하며 했던 상상 리스트이다.

(1) 에어비앤비 호스트가 알고 보니 마약상이고 그래서 나를 통해 마약밀매를 하려고 한다. 집에 들어가서 철컥 문을 닫더니 환했던 얼굴이 1초 만에 바뀌어 권총을 들고 위협한다.

(2) 에어비앤비 호스트가 알고 보니 아시아인을 상대로 이상한 실험을 일삼는 사이비 종교의 교주 혹은 광신도라서 나는 집에 갇힌 순간부터 그 집을 나설 수 없게 된다.

(3) 지하철을 잘못 타서 런던의 4존(zone 4) 구역 끝에 떨어진다. 그 지하철역에서 밤을 새야 하는데 그 지역의 최고 강하고 최고 센 '최고' 갱스터 집단에 포위된다.

(4) 공항에서 모든 절차를 밟고 숙소에 도착하니 이미 11시가 훌쩍 넘었는데 에어비앤비 호스트와 연락이 끊기고 골목길을 배회하다가 얼굴을 희게 칠한 광대와 만나고 만다.

(5) 알고 보니 에어비앤비 호스트가 식인종이거나 식인 괴물인데 인간으로 변장한 것이다.

이쯤 되니 키다리 아저씨고 뭐고 한국에서 남은 방학을 보내는 것이 여러모로 훨씬 낫겠다는 결론에 이르렀다⋯⋯.

한때 터무니없는 이유로 돌연사를 해버리는 개복치를 키우는 게임이 유행이었다. 혼자 여행을 떠나는 내 모습이 꼭 그랬다. 개복치 마냥 조그만 일들과 걱정에도 터져버리고 마는. 개복치는 풍부한 상상력과 예민함을 이유로 필요 없는 걱정을 하고 걱정에 못 이겨 스스로 돌연사해버리고 만다.

개복치 벗어나기! 이번 여행에서 돌아오면 덜 개복치화 되고 더 용감해지기를.

② '적어도' 이만큼 바쁘게 살지는 않을 거야

혼자 여행을 하게 되어 무섭다고 동네방네 소문을 내서 그런가, 유독 이번 여행에는 잘 다녀오라는 인사를 많이 받았다.

원래 특수한 상황이 생기면 무뎌진 것들의 소중함을 엄청나게 깨닫게 되는 법이다. 평소에도 분에 넘치는 사랑을 받고 있었을 텐데, 출발 날짜에 맞추어 밀려오는 메시지와 편지들을 보니 정말로 과분한 사랑을 받고 있구나 싶었다. 그런데 출국 준비를 비롯한 여러 일이 맞물려 정작 답을 잘 해주지 못했다.

돌이켜 보니 이번 학기가 내내 그랬던 같았다. 욕심을 내고 무리를 해서 일을 벌이니 주변 사람들을 챙길 마음과 시간의 여유가 미친 듯이 줄어들었다. 이번 학기가 정신적으로 힘들었던 이유도 거기에 있었다.

이렇게 하나의 발견을 했다. 나는 '적어도' 나를 사랑해주는 이들의 생일이나 굵직한 일을 기억하고, 그 사람이 생각난 순간이면 엽서 한 장이라도 쓸 수 있는 여유를 가진 삶을 살고 싶다.

여행의 시작

인천공항에서

생각. 출국 심사와 입국 심사

사람의 마음에도 출입국 심사가 있을까? 출심 심사, 입심 심사. 나의 경우에는 입심 심사는 아주 쉬운데 출심 심사는 굉장히 심사숙고하는 편이다.

누군가의 마음에 들어가기 위한 질문과 답을 알고 있다면 우리는 서로 덜 오해하고 덜 어려워할까? 누군가를 마음에서 내보내기 전에 심사숙고한다면 우리는 덜 후회할까? 아니면 이 모든 걸 알고도 우리는 어쩔 수 없이 서툰걸까?

푸둥 공항에서

생각. 공항

공항은 참으로 너그러운 공간이다. 이 세상이 공항 같은 세상이 되었으면 좋겠다. 다양한 인종이 섞이고, 다양한 언어가 섞여도 아무도 이상하게 생각 안 하는 그런 세상. 서로의 다름에 대해 아무렇지 않게 생각하는 세상. 조금 머물다 가도, 조금 쉬었다 가도 이상하게 생각하지 않는 세상. 서로의 각자 다른 목적지와 여정을 존중하는 세상. 출국하는 사람의 설렘과 야망, 입국하는 사람의 안도감과 현실에 돌아오고야 마는 지극한 삶의 단편들이 알록달록 섞인 세상이었으면 좋겠다.

비행기 안에서
생각. 사람

나를 사랑해주는 사람들이 나타날 때마다 왜 나를 사랑해줄까, 하고 묻곤 했다. 요즘 그 질문에 대한 답을 천천히 알아가고 있다. 나는 좋은 사람이기에 사랑받고, 내 사람들은 좋은 사람을 알아보는 사람들이기에 사랑하는 것이다.

진심만을 주자. 그리고 그 진심을 받아들이는 것은 상대의 몫이다 - 예전에는 진심이 가닿는 게 당연한 줄 알았다. 그러나 이제는 내 진심을 있는 그대로 받아주고 그에 응답하는 사람을 만나는 것이 얼마나 당연하지 않은지 안다.

그래서 나를 사랑해주는 사람들이 얼마나 대단하고 예쁜 사람들인지 더욱 깨닫게 된다.

내겐 당연했던 모든 것이 누군가에겐 당연하지 않았다는 걸 깨닫는 순간들은 이렇게 무한한 감사와 애정을 가져온다. 꼭 지금, 바이칼 호수 상공 10,970km 위를 날고 있는 순간같이 말이다.

여행기. 그냥 신기한 것들

중국 항공 기내식은 굉장히 가정식처럼 나온다. 심지어 과일도 잘 깎아서 접시에 랩으로 감싸져서 나온다. 이런 기내식은 처음 봤다. (사실 살면서 많은 기내식을 본 것도 아니다) 게다가 이쑤시개까지 포함되어 있다. 우리 아빠도 만족할 것만 같다.

생각해 보면 비행은 말도 안 되는 경험이다. 어떻게 내가 사막 위를 날고 호수 위를 날겠는가, 내 옆으로 구름이 있다니……. 인간은 정말 오래 살고 봐야 한다. 심지어 날면서 화장실도 갈 수 있다. 정말 이 부분이 말도 안 된다. 13시간 비행은 너무나 끔찍하지만, 이것 역시 쉽게 누릴 수 없는 경험인 것에 감사하며 버티자는 생각을 한다.

그리고 중국과 러시아 땅덩이가 엄청 넓다. 현재 위치가 어디인지 확인할 때마다 아직도 중국, 아직도 러시아다.

히스로 공항에서

여행기. 으스대기

첫인상이 중요한 법인데, 엄청 배고프다는 것 빼고는 런던의 첫인상 자체는 환상적이었다. 기쁘다! 어렵다는 입국 심사도 즐거운 토크쇼 같았다.

별거 아니었다! 입국 심사하고, 짐 찾고, 지하철 찾아가고, 영국의 교통카드 격인 오이스터 카드를 충전하고, 지하철에 무사히 탔다. 이제 갈아타서 숙소가 있는 역에만 도착하면 임무 완료! 혼자 여행하는 거 별거 아니구먼, 하고 자신에게 주문을 걸어본다.

여행기. 런던의 지하철

여기 기준으로 꽤 늦은 저녁이라 그런지 바람도 엄청 선선하게 들어오고 한산해서 엄청 쾌적하게 탔다. 그리고 실감했다. 아 뭐야 여기도 사람 사는 데네. 쫄지말자, 내 안의 개복치야!

여행기. 뿌듯함.

내 주토피아 주디 가방을 부러워하는 영국 소녀의 눈에 나는 꽤 으쓱해졌다.

런던에서의 첫째 날 :
하늘이 아주 밝은 오후 두 시의 런던
—

테이트 모던, 널 사랑해

긴 비행과 긴장감 때문에 피곤할 법도 했을 텐데 낯선 곳이라 그런지 무척
이른 시간에 눈이 번쩍 떠졌다. 원래 첫째 날에는 다른 곳을 가려고 했지만, 몸
상태와 거리를 고려하여 테이트 모던을 오늘의 목적지로 정했다.

테이트 모던은 런던에서 가장 가고 싶었던 곳이었고, 가장 기대하던 곳이었
다. 숙소에서 걸어서 30분 정도밖에 걸리지 않아 용감하게 도보를 택했다. 가
는 길에는 운좋게도 타워브릿지, 버로우 마켓과 같은 명소가 있었고 덕분에 의
도한 것보다 빠르게 런던의 명소들을 만났다. 사실 처음 걷기 시작했을 때는
런던에 있다는 것 자체가 실감이 나지 않았다. 마을을 지나 명소를 만나니 보
이는 관광객들, 사진에서 보았던 익숙한 풍경들이 그제야 슬슬 런던에 있다는

것을 실감케 해주었다. 특히 버로우 마켓의 풍경은 난생처음 본 독특한 광경이어서 더욱 그랬다.

　런던이 실감이 날 즈음에 테이트 모던에 도착했다. 들어서는 순간 공기가 달랐다. 현대 미술만 다루는 미술관이 이렇게 커도 되나, 이렇게 광활해도 되나. 현대 미술을 다루는 미술관답게 안내판부터 화장실까지 예쁘지 않은 곳이 없었다. 특히 곳곳에 숨어 있는 재미있고 귀여운 디자인 요소들이 많았다. 제목이 〈현대 미술의 이해〉인 강의를 복습이라도 하듯 마네, 피카소, 달리, 게릴라 걸즈, 펠리즈, 로스코의 작품을 두 눈으로 직접 보았다. 전부 다 생각하게 만드는, 영감을 불러일으키는, 감탄을 자아내는 것들이라 도저히 관람을 멈출 수 없었다. 몇몇 작품에서는 눈물까지 핑 돌았다.

전시뿐 아니라 스위치 하우스 10층 전망대와 기존 건물 5층에 있는 식당의 전망도 대단했다. 플랫화이트를 마시며 바라보는 템즈 강 건너편의 풍경을 보고 있자니 지상 최대 행운아가 된 기분이었다. 플랫화이트는 게다가 맛도 괜찮았다. 최고일 수밖에 없는……!

테이트 모던에서의 발견 : 나는 어떤 사람이 되고 싶나?

따블라이프에 들어서니 내가 어떤 사람이 되고 싶나, 어떤 직업을 갖고 싶나, 뭘 해 먹고살 것인가와 같은 질문을 시도 때도 없이 하는 것 같다. 어려서부터 '그냥 직장인'이 되고 싶지 않다는 생각을 많이 했다. 그때는 그럼 내가 대통

령 같은 거창한 직업이라도 갖고 싶은 건가, 아니면 텔레비전이라도 나오고 싶은 건가? 고민했다. 시간이 흘러서 지금이 되고, 좀 더 나와 세상에 대해 알게 되고 나니 내가 원하는 것은 명사 앞에 붙은 형용사라는 걸 알게 되었다.

'그냥 직장인' 말고 '내 일을 사랑하는 혹은 능력 있는 혹은 멋진'과 같은 형용사를 갖고 싶었다. 다만 이 형용사가 무엇인지를 찾는 게 퍽 어려웠다. 물론 다수의 형용사가 머릿속에 둥둥 떠다니지만 무엇을 가장 우선순위로 해야 할지, 그 가장 궁극적이고 본질적인 형용사를 찾지 못했다.

테이트 모던을 돌아보면서 나는 왜 이토록 현대 미술에 열광하는지, 왜 작품을 보며 이토록 기뻐하는지 돌아보았다. 나는 작가들이 던지고 있는 메시지, 아니 메시지를 던진다는 사실에 열광하고 있는 듯했다. 세상과 삶에 대해 던지는 메시지, 그것이 어떤 것이든.

나는 줄곧 메시지를 던지는 삶이 유의미하다고 여겨왔던 것 같다. 그래서 오랫동안 텍스트라는 매체에 골몰했다. 텍스트는 가장 직접적인 방법으로 메시지를 담을 수 있기 때문이다. 미술을 좋아한 것도 내가 다루지 못하는 매체에 대해 동경과 텍스트를 다루면서 느낀 한계에 대한 충족 때문일 것이다. 미술은 텍스트와는 다르게 간접적이지만 그렇기에 더 직관적이다. 또 언어의 장벽을 가볍게 무시한다.

나는 어떤 직업을 가지더라도 '메시지를 던지는' 직업을 가지고, 그런 사람이 되고 싶다. 메시지를 던질 수 있는 직업은 많을 것이다. 어느 직업을 선택할 것인지는 다른 형용사들과의 균형을 통해 또 차차 답을 얻어가겠지!

직업과는 별개로 독립적으로, 지속해서 메시지를 던지는 삶을 살고 싶기도 하다. 이쯤까지 생각하니 테이트 모던에서 만난 작가와 작품들이 더 대단해 보였다. 그들 중에는 메시지를 던질 수 없는 상황에서도 꿋꿋이 던진 이도 있었

고, 자신의 몸을 캔버스 삼기도 했으니……! 테이트 모던에서의 발견은 나를 자꾸 울컥하게 한다.

깨달음 : 그건 네가 있었기 때문이야!

나는 공간지각능력과 방향감각이 거의 0에 수렴하는 사람이다. 가장 못 하는 일을 꼽자면 지도를 보고 목적지를 찾아가는 일이다. 기술이 발전해서 구글과 네이버는 계속해서 내가 어디 있는지 알려주는데도 도저히 모르겠는 걸 어쩌란 말인가. 런던에 '혼자' 와서 가장 아쉬웠던 것은 목적지를 찾지 못할까 봐 긴장한 상태로 계속 지도를 보느라 주변 풍경을 보지 못한 것이었다. 하다못해 아침에 자취방에서 나와 학교 가는 길에도 오늘의 풍경을 만나야 하는데, 주위를 둘러보지 못하는 것은 관찰하기 좋아하는 나에게 무척 슬픈 일이었다.

그리고 문득 깨달았다. 지금까지 내가 목적지 따윈 신경 쓰지 않고 이리저리 쏘다니며 마음 내키는 대로 발을 옮길 수 있었던 건 내가 길치임을 아는 내 사람들이 대신 지도를 봐주고, 방향을 알려주었기 때문이다.

꼭 길이 아니라 아마 삶에서도 그랬을 것이다. 서울에서는 무심코 지나쳤던 표지판과 화살표 하나하나가 얼마나 소중한지 런던에서 깨달았다. 내가 갈등하고 고민할 때마다, 혹은 답답해하고 불안해할 때마다 옆에서 묵묵히 방향을 함께 고민해주고 때로는 제시도 해주고 지도를 읽어줬을 이들이 많았을 것이다.

그중 엄마나 키다리 아저씨들과 같이 내가 그들의 표지판을 의식하고 감사해 한 이들도 있겠지만 나도 모르는 사이에 도움을 준 이들이 더 많을 것이다. 그들에게 엄청나게 고마운 하루다. 런던의 골목과 구글 맵은 길치에게 엄청난 깨달음을 주었다!

여행은 살아보는 거야 : 컴포트 존 별거 아니네

출국 전 호스트를 두고 온갖 상상을 한 게 미안해질 정도로, 호스트는 엄청나게 다정하고 사려 깊고 꼼꼼하고 거의 완벽한 호스트였다. 같은 학교에 다니는 친구들 세 명과 한집에 살던 그가 여름방학을 맞아 근교 부모님 댁으로 돌아가게 되었고, 나는 운 좋게 에어비앤비를 통해 그의 방에 머무르게 되었다.

그는 내가 도착한 날 거의 한 시간가량을 머물며 나에게 집과 방의 구석구석을 설명해주었고, 플랫메이트들과 인사도 시켜주었다. 도착한 저녁 우리는 부엌에 모여 테스코 초콜릿 케이크와 딸기를 먹으며 이야기를 나누었다. 미국계 일본인 메이트와 또 다른 스페인 남자 메이트는 오랜 친구처럼 나를 대해줬고 심지어 다음날 축구경기에까지 나를 초대했다. 메이트가 여자 2부리그 팀의 물리치료사로 일하고 있었고, 그의 팀 경기에 나를 초대한 것이었다.

다음날 테이트 모던에서 숙소에 돌아오자 친구가 경기에 갈 준비를 하고 있었다. 우리는 함께 집을 나섰고, 길을 잃었다. 그녀 역시 자기도 경기장은 처음이라며 연신 미안하다고 했다. 하지만 길을 잃은 덕분에 나는 버몬지 구석구석을 볼 수 있었다. 과연 정원의 도시답게 매우 조그만 건물에도 반드시 정원이 달려있었다. 무척 조그만 크기이긴 하지만 정원이 화장실같이 집에 없어서는 안 될 요소 정도로 인식되는 게 인상적이었다. 낮은 건물들이 줄줄이 있는 버몬지는 명확한 주거 지역처럼 보였다. 내가 열심히 버몬지를 구경하는 동안에도 그녀는 경기장을 찾지 못했고, 결국 버스를 타고서야 우리는 경기장에 갈 수 있었다.

경기는 생각보다 치열하고, 흥미진진하고, 영국 관중들은 소문대로 열광적이었다. 네 살 배기어린 아이부터 할머님들까지 축구장에 한데 모여서 소리를 지르고, 선수들에게 박수를 보냈다. 선수 보랴 관중 보랴 90분의 경기가 어떻게 흘러가는지 몰랐다. 경기 후 나, 플랫메이트들, 그리고 그들의 친구들과 허기를 달래러 펍으로 향했다. 우리가 간 곳은 로컬들에게 인기 많기로 소문난 피자 체인점 프랑코 망카였다. 실제로 빈 테이블이 없어 조금 기다려야 했다.

기다려서 만난 펍은 기다릴 가치가 있는 곳이었다. 위트 넘치는 분위기, 특히 예뻤던 천장의 타일, 맥주를 마시는 런더너들의 모습이 완벽히 조화로웠다. 피자의 반죽이 환상적이었고, 양도 많아 반절 이상을 남겼다. 그들의 위를 따라가기엔 참 힘들다.

우리는 서로에 대해, 서로의 나라에 관해 이야기했다. 서울 청춘들이나 런던 청춘들이나 먹고살기 힘든 것은 비슷했고, 그럼에도 불구하고 열심히 살아가는 서로를 칭찬했다. 런던 역시 밤 10시가 되니 펍을 제외하곤 온 도시가 깜깜하면서, 스위스는 여섯 시만 되면 모든 가게가 문을 닫는다고, 거기 살면 무척 지루하고 심심할 거라고 입을 모으는 그들이 재밌었다. 우리는 이탈리아 남자 특유의 자상함에 관해 이야기했고, 그들은 한국은 어떤지 물었다.

혼자였으면 겁이 나서 볼 수 없었을 자정의 런던을 만났고, 그들은 내게 무사히 재밌는 여행을 하라고 다정한 인사를 건넸다. 깜깜해진 거리를 돌아오며 나는 내가 런던에 온 지 겨우 하루밖에 안 됐다는 사실에 놀랐다. 긴 하루가 그렇게 끝났다.

둘째 날 :
부지런한 커피 트럭 아저씨의 오전 열한 시
—

첫째 날이 고단해서 늦게 일어날 줄 알았더니 또 일찍 깼다. 여행자의 마음이란. 준비하고 진작 가고 싶었던 하이게이트 묘지로 향했다. 오늘 런던은 모두를 유혹하려고 작정한 것 같았다. 햇살은 말도 안 되게 완벽했고, 지하철과 버스는 내가 플랫폼에 가자마자 맞춰 와주었다. 버스를 타고 가는 길에 만난 또 다른 동네는 숙소가 있는 버몬지보다 상상했던 '영국'에 더 가까웠다. 큼지막한 저택, 정원, 해리포터가 곧 나타날 것만 같은 외관. 햇살에 연신 눈을 찌푸리면서도 그 모든 풍경 중 단 하나도 놓치고 싶지 않아 열중했다.

하이게이트 묘지에 대하여

너무 부지런히 움직인 나머지 열한 시에 열리는 묘지에 열 시에 도착했다.

나는 묘지의 첫 손님이었고 그 날 아침 유일한 한국인이었다. 공동묘지는 한국에서도 가본 적이 없었다. 내 생애 첫 묘지 방문이었다. 한산했고, 평화로웠다. 그리고 금세 기분이 이상해졌다. 슬프고 아름다운 묘비명들이 줄줄이 적힌 묘비들이 가득했다. 이들은 어떻게 살았고, 어떻게 죽었을까. 사랑하는 이들의 그리움과 함께 묻힐 수 있는 건 행운이겠지, 누군가가 나를 그리워해 준다는 건 그런 일이니까. 죽음과 삶, 영혼, 영원히 알 수 없을 것들에 대해 생각했다. 가끔은 눈물도 훌쩍여가며, 내 사랑하는 사람들도 떠올려가며.

그리고 마르크스를 만났다. 기분이 묘했다. 그도 죽었구나. 그의 말 한마디에 의해 역사가 바뀌었고 생각이 바뀌었다. 나 역시도 분단된 나라에서 태어났고, 사회 경제사를 배우는, 그가 남긴 역사의 흐름 속 당사자인데. 그도 죽었다. 인간이라고 하는 것은 어떤 것이고, 삶은 어떤 것일까. 그 유한한 존재에 대한 가련한 마음과 경이로운 마음이 동시에 들었다. 그리고 보이지 않는 것들에 대해 믿음이 더 굳건해졌다. 한 사람의 생이, 마음이, 생각이, 이토록 오래 남을 수 있다. 이토록 오래-

마르크스를 만나고 트와일라잇에서나 보았던 울창한 숲을 지나 다른 이들의 무덤을 만나고 나왔다. 열 시 경에 한창 준비를 하던 커피 트럭 아저씨가 장사를 시작해 손님을 맞이하고 있었다. 살아가고 있었다. 우리는 살아 있다.

그리고 프림로즈힐

위시리스트에 올려두었던 프림로즈힐이 알고 보니 하이게이트 묘지와 무척 가까웠다. (20일 후에 런던의 명소들은 모두 가까이 모여 있다는 것을 깨달았다) 묘지를 보고 나와도 여전히 이른 시간이어서 망설이지 않고 프림로즈힐로

향했다. 가는 길에 씩씩하게 서점에 들러 엽서도 사고, 스타벅스에서 샌드위치
와 커피도 샀다. 스타벅스 직원분이 분명히 한국인이었는데, 반가우면서도 왠
지 수줍어 말을 걸지 않았다.

프림로즈힐에 올라 먹으리라고 다짐한 샌드위치와 커피를 양손에 들고 길을 나섰다. 어제저녁 걸었던 버몬지와는 확연히 다른 분위기가 느껴졌다. 으리으리한 저택들, 화려한 정원, 하나하나가 드라마에 나올 법한 건물들이었다. 계속 감탄하며 걷다 보니 프림로즈힐이 나타났다.

언덕에 오르니 아 이래서 다들 명소라고 하는구나, 실감했다. 런던을 한눈에 내려다볼 수 있었다. 그러나 다른 '전망대' 하고는 완전히 느낌이 달랐다. 말

그대로 언덕 위에, 구름과 하늘을 천장 삼아 런던의 건물 꼭대기들이 조금씩 고개를 내밀고 있는, 그 조화에서 하나라도 바뀌어버리면 그 느낌이 안 날 것 같았다. 햇살과 바람이 차례로 다녀가는 언덕 위에서 런더너들은 일요일 오후를 보내고 있었다. 누군가는 잠을 청하고, 누군가는 햇살을 맞고, 소풍을 오고, 운동도 하고. 이 멋진 풍경이 멋진 이유는 이 사소하지 않은 풍경이 사소해서였다. 그들에게 이 공원은, 이 언덕은 일상의 부분인, '사소한' 것이었다. 그래서 그 언덕은 빛이 났다.

나 또한 흉내를 내보고자 신발을 벗어 발을 올려둔 채로 샌드위치와 커피를 꺼내 들었다. 그리고 하이게이트에서 했던 생각들을 엽서에 옮겼다. 그들의 일상을 잠시 빌렸고, 그걸로 충분했다.

겸손과 긴장도 적당히 필요해

아침부터 척척 하이게이트 묘지를 찾아가고, 중간에 경유까지 해 프림로즈 힐을 찾아간 상태였기에 안타깝게도 내 자신감은 하늘을 찔렀다. 기세를 몰아 집에 가기 전 한 군데만 더 보자고 마음을 먹었고 비틀즈가 걸었던 애비로드가 고작 세 정거장 차이임을 알게 되었다. 의기양양하게 버스에 올라 정류장에 맞춰 내렸는데 아무것도 없었다. 알고 보니 구글 맵은 진짜 애비 로드를 알려주었고, 나는 가정집들 사이에 남겨졌다. (나중에 보니 걸어서 15분 정도 거리에 있더라. '애비 로드 스튜디오'라고 검색해야 정확하게 찾아갈 수 있다)

무척 당황했으나 곧 상황을 파악하고 숙소로 가는 버스를 찾았다. 마침 런던 중심부를 거쳐 워털루 역(숙소에서 고작 세 역 거리)까지 가는 버스가 있었고 처음으로 중심부 구경을 할 겸 망설임 없이 올라탔다. 맨 앞자리엔 꼭 앉아야지! 생각했는데 마침 자리가 있어 시티 투어하는 기분마저 들었다. 실제로 버스는 베이커 스트리트 - 피커딜리 서커스 - 트라팔가 광장, 즉 런던의 가장 유명한 곳들을 차례로 지났다. 한참 신기해하며 창밖에 집중하고 있는데 심상치 않은 안내 방송이 들렸다. 사이클 대회가 열리고 있는데 도로가 통제되어 가지 못한다, 다시 돌아가겠다고. 갑자기 버스의 종착점이 바뀌더니 오던 길로 되돌아가기 시작했다.

오던 길로 그대로 가면 기억이라도 하지, 버스는 난데없는 새로운 길로 가기 시작했다. 몇 정류장은 건너뛰고, 멈추지 않는 듯했다. 설상가상으로 핸드폰 배터리는 수명을 다하고 있었고, 챙겨 나온 줄 알았던 보조 배터리는 가방에 없었다. 버스의 반대 방향 여정은 미처 확인하지 않고 탔기에 종착점이 어떤 곳인지, 지하철역이 있는지 없는지조차 알지 못했다. 엄청 긴장한 상태로 밖을 바라보다 맥도날드가 보인 순간 내렸다. '맥도날드는 항상 역세권에 있어!' 2년 반 간의 서울살이가 보람을 느끼는 순간이었다.

그러나 역은 코빼기도 보이지 않았다. 게다가 숙소가 있는 동네에선 마주치지 못했던 걸인들, 전도하는 사람들이 득실득실해 무서웠다. 딱 봐도 2존 혹은 3존인 듯했다. 겨우 역 비스름한 표시가 보여 따라 가보니 Underground가 아니라 Overground 역이었다. 역의 승무원은 Underground로 가는 방향을 알려주었고 그렇게 긴 여정이 또 시작되었다.

승무원이 알려준 방향으로 갔음에도 불구하고 맨션 골목들만 연달아 나왔다. 게다가 마주치는 사람은 전부 흑인 혹은 무슬림이었다. 겉모습을 보고 긴장하면 안 되지만 나도 모르게 몸에 잔뜩 힘이 들어갔다. (그리고 이런 자신이 너무 부끄러웠다, 내 본능이 편견으로 가득 찬 것 같아서……) 마치 화교들이 주로 사는 건대 양꼬치 골목 같은 분위기가 났다. 도시이지만 도시가 아닌 것

같은, 불빛이 쨍하지만 밝진 않은, 그런 분위기.

　앞만 보고 걷다가 도저히 안 되겠어서 무슬림 여성 한 분에게 지하철역으로 가려면 이 방향이 맞느냐고 물었다. 그랬더니 그렇다고 해서 걸음을 이어나갔다. 그렇게 20분을 걷고 나서야 'Underground' 표시를 발견할 수 있었다. 눈물이 찔끔 났다. 얼른 숙소로 돌아가고 싶은 마음뿐이었다. 40분이 걸려 숙소에 도착했고, 그제야 마음이 놓였다. 그리고 내가 지나치게 자만했음을 인정했다. 한편으로는 나에 대한 신뢰가 더 생기는 모순적인 현상이 발생했다. 어떻게든 살아남는구나, 내게도 혼자 여행하다가 생긴 무용담이 생겼구나, 하고. 오지

탐험가나 더 용감하신 분들이 듣는다면 코웃음 치겠지만 나 같은 쫄보에게는
커다란 사건이었다. 정말이지 짧고도 긴 하루였다.

오늘의 런던에 대한 생각

나는 런던 중심부에 대해 굉장히 기대를 많이 했다. 피커딜리 서커스를 가득
채운 전광판들, 내셔널 갤러리 앞 락 밴드 관중들, 없는 브랜드가 없는 상점가,
런던을 런던답게 만드는 곳들. 그런데 오늘 버스에 올라타 처음 만난 중심부는
충격적이었다. 사람이 공기보다 많을 것 같았다. 정말 개미 떼처럼 사람들이
몰려있지 않은 곳이 없었다.

또 지금껏 내가 본 도시 중에 가장 컸다. '도시'가 가진 이면이 고스란히 보였
다. 도시가 커지면 상권이 커지고, 돈이 모이고, 돈을 벌려는 사람들이 모이고,
그들의 힘든 단편을 마주하게 되고. 바쁜 런던 한복판에서 인력거를 끄는 남자
옆으로 늘어선 스포츠카, 나는 그런 것들이 정말 싫었다. 트라펄가 스퀘어도,
피커딜리 서커스도 전혀 낭만적이지 않았다. 오늘은 주말이고, 여름 휴가철이
고, 게다가 사이클 경기까지 있어서야, 라고 생각해보았지만 아무리 봐도 어제
와 오늘 내가 찾았던 조용하고, 사람 사는 런던보단 그저 그랬다.

도시는 언제나 빛이 있으면 어둠도 있다는 말을 그 무엇보다 절실히 실감케
해준다. 화려하고 커다란 것들 뒤에는 언제나 비극적이고 작은 것들이 있기 마
련이다. 런던은 내가 본 도시 중 가장 도시 같았고, 그렇기에 그 어두운 단면이
유독 불편하게 다가왔다.

엽서 : 지금 떠오르는 사람이 있어 좋다

나는 여행에서 내 사람들을 위해 엽서를 쓰는 것을 정말 좋아한다. 여행길에 그 사람이 떠오르는 순간을 마주하고, 멀리 있을 그 사람에게 당신이 떠올랐노라고 편지를 쓰는 그 순간이 정말 좋다. 아름다운 것을 보고 떠오르는 사람이 있다는 것이 얼마나 행복한지 모른다. 그렇게 다녀와서 엽서를 주면 그 순간과 공간을 주는 것만 같다. 마음의 전달이 그토록 늦어지는 것도 좋다. 여행이 끝나고 나서 잔뜩 지연된 엽서를 그제야 건네면 다시 그 시공간의, 그 마음으로 돌아간 것 같기 때문이다. 나는 런던에서 몇 통의 엽서를 쓰게 될까, 누가 떠오를까.

셋째 날, 그리고 8월의 첫째 날 :
아주 바쁜 런던의 월요일 아침 아홉 시

오늘은 한국인 동행을 만나는 날이었다. 혼자서만 있으면 심심할 것 같아서
여행 카페에서 일정이 맞는 사람을 찾아 오늘, 웨스트민스터 역 앞에서 만나기
로 했다.

빅벤에 대하여

웨스트민스터 역에서 나오자마자 바로 보였던 빅벤의 웅장함은 절대로 잊
을 수 없을 것이다. "이 사람들은 지하철역에서 내리자마자 이걸 봐? 이런 건물
을 보고 산다고?" 순간 머리에 무언가를 맞은 듯 강렬한 충격을 느꼈다. 내가
이틀간 본 런던은 런던이 아니었구나, 사람들이 말하던 런던은 이런 모습이었

구나, 하고 실감하기도 했다.

만나기로 한 동행은 한 시간가량 늦었고, 덕분에 나는 런던의 월요일 아침 풍경을 한 시간이나 구경했다. 꽤 쌀쌀한 탓에 급히 역 카페에서 산 플랫화이트를 든 채 바삐 움직이는 런더너들과 빅벤 앞에서 사진을 찍는 관광객 모두를 지켜보았다.

숙소가 있는 버몬지 역도 주말의 아침과는 퍽 다르다는 걸 느꼈었다. 신문을 나누어주고, 지하철이 꽉 차고, 정장을 입은 사람들이 앞다투어 바삐 역으로 향했으니까. 서울과 다르지 않다고 생각하며 웨스트민스터 역으로 향했던 터라 월요일 아침인 것이 유독 실감 났다.

　한 시간가량 앞에서 지켜본 빅벤은 정말 대단하더라. 웅장함은 말할 것도 없고, 저 크기에 어떻게 저 정도의 정교함을 갖추었는지가 의문이었다. 게다가 시간에 맞춰 종이 울리는데 오차가 없었다. 런던이 그토록 자랑할 만한 명물이었다. 인간 문명의 위대함을 느끼게 해주는.

　그런데 그렇게 지켜보고 있자니 삐딱한 생각이 스멀스멀 올라왔다. 거대한 시계와 월요일 아침의 사람들. 인류를 바꾼 발명품은 자명종이라고 했다. 햇살이 오면 깨어나고 지면 잠들었던 자연의 시간에서 24시간으로 쪼개진 인간의 시간으로 인류를 초대한 자명종. 빅벤은 결국 하나의 거대한 시계였고, 그걸 생각하니 월요일 아침의 사람들과 내가 어떤 존재인지에 대해 고민이 되었다. 생산적일 수밖에 없도록 만들어진 압도적인 인공물, 거대한 시계. 빅벤은 처음 만났을 때와 헤어질 때가 많이 다른 명물이었다.

　형식에 대하여

　한 시간이나 늦게 나타난 동행은 미안하다고 했고, 곧 근위병 교대식이 시작될 것이라며 황급히 발걸음을 옮겼다. 런던의 중심부를 지나 버킹엄 궁전이 보였다. 마음이 이상했다. 21세기에 여왕이 진짜 사는 궁전이라니. 교대식을 보기 위해 각국에서 몰려든 인파로 발 디딜 틈이 없었다. 교대식이 보일만 한 장소에 서기 위해 우리는 끼어들고 또 끼어들었고, 통제 경찰은 안타까울 정도로 계속해서 소리를 지르고 사람들을 지휘했다. 그 와중에 말을 탄 기마 경찰도 있었는데, 말을 탄 채로 사람들을 내려다보는 그를 보고 있자니 정말로 중세 시대로 돌아간 것 같은 느낌이 들었다.

자리를 잡고 30분 정도 기다리니 교대식이 시작되었다. 두 무리의 근위병들이 차례로 궁전 안으로 들어오고, 교대식이 한 시간에 걸쳐 이루어졌다. 그들은 제복을 입고, 악기를 연주하고, 가슴에서 종이를 펼치고, 온갖 걸음과 몸짓을 뽐내고, 끝으론 멋지게 발맞추어 퇴장했다. 참으로 형식적인 과정들이었다.

사실 나는 형식만을 위한 절차와 과정을 아주 싫어하는 사람이다. 그러나 오늘 교대식을 보고 인정할 수밖에 없었다. 형식이 실제로 내용을 만들어낼 수도 있다는 것을. 적어도 형식이 내용, 본질이 유지되는 데에 필요하다는 것을. 한 시간이나 되는 과정을 거치며 저 근위병들은 정말로 자신이 영국 왕실을 위해 종사한다는 마음가짐을 다졌을 것이다. 저 한 시간이나 되는 과정과 절차를 고집스럽게 지켜왔기에 전통이라는 이름이 생겼고, 이렇게 많은 관광객이 모였다.

이번 학기의 내가 깨달아가고 있던 것이었다. 생각만큼이나 그 생각을 담는 말이 중요하고, 아이디어만큼이나 그 아이디어를 담는 제안서가 중요하다는 것을. 내가 '형식'이라고 여겨왔던 것들이 본질을 정교하게 하고 다른 이들과의 대화를 돕는다는 것을.

자신의 아이가 키가 작아 아무것도 보이지 않는다며 모든 앞사람의 어깨를 일일이 치며 기어코 맨 앞으로 아이를 보낸 엄마가 있었다. 그리고 교대식 내내 궁전과 근위병은 보지 않고 그저 아이가 잘 보고 있는지, 뭘 느끼고 있는지, 즐거워하는지 연신 확인만 했다. 그걸 보면서 엄마란 사람은 평생 가도 모를 사람이라고 생각했다. 엄마는 어딜 가던지 자신의 자식밖에 보지 않을 것만 같았다. 아빠 등에 올라 목마를 탄 채 지루해하면서도 노래만 나오면 몸과 손을 흔드는 세 살배기 아이도 있었다.

그렇게 고집스럽게 지켜온 형식이 지금의 풍경을 만들었다. 다양한 언어의 다양한 인종이 한 데 모여 추억을 만들어 가는 모습. 교대식은 생각보다 근사했고, 생각보다 더 많은 생각을 하게 했다.

나 : '소화' 해야 하는 사람

그렇게 우리는 교대식을 보고 난 후 근처 유명한 맛집으로 향했다. 그리고서는 로열 아카데미를 잠깐 들르고, 피커딜리 서커스로 가 상점 두어 개를 본 뒤, 코번트 가든으로 가 구경을 하고, 몬모스 커피를 마시고 헤어졌다.

나 혼자였으면 두 가지도 못했을 일을 하루에 전부 끝냈다. 사실 굉장히 당혹스러웠다. 동행과 함께 하는 여행이 불편하고 힘들었기 때문이다. 나는 근위병 교대식의 여운을 가라앉히지도 않았는데 다른 일정들이 연달아 흘러들어왔다. 런던에 있던 날 중 오늘만큼 하루가 빨리 흘러간 날이 없었다.

꼭 가봐야 한다는 곳을 가보고, 먹어야 한다는 것을 먹었지만 숙소에 돌아오고 나니 선명히 기억나는 풍경이 없었다. 어제와 그제는 모든 것이 머리와 가슴에 남았는데, 내게 질문해야 할 것들이 끊임없이 쏟아지고 열심히 생각했는데, 오늘은 그 모든 것을 하나도 하지 못 했다. 마음 한편이 얹힌 것 같이, 체한 것 같이 불편했다.

내 생각보다 나는 혼자 하는 여행이, 혼자 있는 시간이 필요했나 보다. 내가 온전히 무엇을 하고 싶은지 고민하고, 내 하루를 나만이 채워나가는 날들. 오랫동안 갖지 않았던 그 시간이 생각보다 절실하게 필요했나 보다. 혼자 걷고 보며 느껴야 했나 보다. 그리고 또 깨달았다. 나는 소화를 해야 하는 사람이라는 걸. 여행 시작 전부터 깨달았지만, 더 절실히 깨달았다. 누군가는 굳이 소화하지 않아도 된다. 누군가는 아주 빨리 소화해버린다. 그래도 괜찮다. 그러나

나는 아니었다. 나는 꼭 소 마냥 여러 번 곱씹고 꼼꼼히 소화해내야만 하는 사람이었다. 내게는 정지, 고독, 생각의 시간이 주기적으로 필요하다. 내가 지금 무엇을 하고 있는지, 뭘 느끼고 있는지, 이것의 의미는 나에게 무엇인지 정리해야만 한다. 그래서 실제로 먹는 것도 그렇게 천천히 먹는 건가? 동행 덕에 무척 불편하고 힘든 하루였지만, 덕분에 절실하게 나를 발견한 날이었다.

생각 : 소비하는 삶에 관해서

그리고 오늘은 런던에서 돈을 가장 많이 쓴 날이었다. '맛집'을 찾아가고 '잇템'을 구매하는 날. 생각해보니 항상 소비해야 할 게 있었다. 그게 맛집이건, 물건이건, 사람이건, 생각이건, 꿈이건, 일이건. 미션 클리어하듯이 대가를 지급하고 차지해야만 하는 것들. 나는 그것들이 얼마나 내 삶을 꽉 쥐고 있었는지 오늘에서야 깨달았다. 먹어야 할 음식들을 정해주고, 가져야 할 물건들을 말해주고, 바람직한 생각들을 정해주고, 해야 할 일을 정해주고, 살아야 할 삶을 정해주는. 나는 언제나 생산자가 아니라 소비자였고, 그렇기에 불행했다. 그 미션 중 하나라도 쟁취하지 못하면 그것은 불완전했다. 온종일 행복했더라도 유명 맛집을 찾아가지 못했다면 그건 알찬 데이트가 아니었다. 모든 것을 마음에 담더라도 사진을 찍어 가지지 않았다면 그건 추억이 아니었다. 아 - 소비하는 삶은 얼마나 불행한가. 런던에서는 단 이틀간이라도 그 소비의 압박에서 벗어나 있었고, 그렇기에 다시 그 잣대를 들이댔을 때 놀랐다. 소비를 강요하는 사회에서 제정신 차리고 살아야지! '맛집 리스트 정복하기'부터 좀 고쳐야겠다.

생각 : 결국 내가 우물 안의 개구리인 탓?

오늘 동행이 힘들었던 것은 나와 여행 스타일이 맞지 않아서였던 것도 있다. 큰 틀만 정해두고 굉장히 즉흥적으로 여행하는 나와 달리 일정을 정해야 하는 동행. 다른 나라는커녕 한국에서도 쇼핑몰 센터 근처도 안 가는 나와 달리 쇼핑을 좋아한다는 동행. 그와 헤어지고 돌아오는 길에 마음이 편해지면서도 동시에 이렇게 나와 다른 사람하고도 많이 대화해보고 많이 어울려봐야 하는데 자꾸 내가 편한 쪽으로만 편협해지는 건 아닌지 하는 고민이 들었다. 이 문제의 본질과 다양한 해답을 듣고 싶은 하루였다.

기쁨 : 진짜 런더너

난 어렸을 때부터 런던에 사는 아이들을 시기 질투했다. 런던에 사는 아이들은 나보다 1년이나 빨리 해리포터를 만날 수 있었다. 그때는 원서를 사는 법을 모를 때라 동네 서점에 가서 해리포터 번역본을 사는 수밖에 없었기에 런던에 사는 아이들을 질투하고 동경했다. 그리고 오늘! 드디어 그 숙원이 풀렸다. 마지막으로 발간된 해리포터 시리즈를! 영국! 서점에서! 샀다! 진짜 런더너가 된 기분이었고, 온 세계의 특권을 끌어모아 나에게 쓴 것 같았다. 앞으로 인생에 힘든 날이 닥칠 때마다 이 순간을 떠올리며 살아나가야겠다고 굳게 다짐한 순간이었다.

순간 : 대도시 런던과 커피하우스

런던은 정말 크다. 지금까지 내가 봐왔던 어떤 도시와도 비교가 안 된다. 중

요한 것들이 다 한데 몰려있어서 그런지 피크타임의 지하철에는 사람이 꽉 차서 탈 수가 없고, 형성된 상권의 크기와 오고 가는 사람들의 수와 다양함이 압도적이다.

오늘 마신 몬모스 커피는 그런 점에서 인상적이었다. 이렇게 큰 도시의 중심부 한가운데에 시간이 멈춘 듯한 가게가 있다니. 고작 네 테이블, 나무 느낌이 나는 카페 안으로 네 명의 바리스타와 두 명의 종업원뿐이었다. 마치 시골 마을의 한적한 카페같이 그들은 밀려 들어오는 손님들에도 웃으며 조용히 커피만을 내주었다. 기대한 대로 맛도 상당했고, 따뜻했고, 좋았다. 그렇게 자기 자리를 오래 지키고 있는 한결같음을, 바쁘게 돌아가는 세상 속에서 자신의 속도를 지키는 우직함을 나는 특히 좋아하고, 오늘 그걸 또 깨달았다.

넷째 날:
흐린 하늘이 이른 어둑함을 몰고 온 저녁 여섯 시의 런던
—

작심삼일이라는 사자성어는 괜히 만들어진 게 아니다. 꽤 근거가 있는 데이터베이스를 분석해 만들어진 게 틀림없다. 런던에서의 3일이 지났고, 나는 아무것도 하기 싫었다. 심지어는 플랫메이트들과도 마주치기 싫어 화장실 가는 것도 눈치를 보았다. 그들과 마주치면 해야 하는 Hello, 그 짧은 한마디가 왜 그리 피하고 싶었는지 모르겠다. 오늘은 무얼 할지 고민하는 것도, 긴 하루를 또 채우고 보내야 하는 것도, 또 무언가를 생각해야 하는 것도 싫었다. 할 수만 있다면 그냥 침대에 누워 온종일 핸드폰이나 보고 싶었다.

나는 이것이 그저 힘들기 때문인지, 아니면 한국에서부터 계속 이러고 싶었던 욕구가 환경이 갖춰지자 발현된 것인지, 아니면 혼자인 게 실은 엄청 긴장되고 심심해서인지 알 수 없었다. 런던에 있는 것은 무척 비현실적으로 느껴져서 나를 멍하게 하면서도 동시에 무척 현실적으로 느껴져서 시간을 낭비하지 말라고 나를 몰아세웠다.

오후에 예매해 둔 영화표도 있었기에 나는 몸을 일으켰다. 문을 열고 나오자 비가 내렸다. 빗줄기는 굵지 않았지만, 빗방울들이 잘게 하늘을 가득 채웠다. 런던 특유의 부슬비인 것 같았다. 바람도 꽤 세게 불어서 우산을 잡느라 앞이 보이지 않았다. 그 와중에도 런던 사람들은 우비도 안 입고, 그저 그 비를 맞으며 거리를 걸었다. 우중충하고 회색빛인 비의 도시. 오늘의 런던이 여러모로 최악이었으나, 가장 런던다운 런던은 오늘인 듯했다.

188번 버스

영화관에 가기 위해 188번 버스를 탔다. 버스를 타고 가는 길에 만난 런던은 여전히 사랑스럽다. 꽃무늬 우비를 입은 채로 길을 걷는 할머니, 'I love rain'이라고 적힌 우산을 들고 걷는 여인. (정말 런던과 잘 어울리는 우산이라고 생각했다) 또 런던에 와서 처음으로 사무실 풍경을 보았다. 신호에 잠깐 버스가 멈춰서 있는 동안 만나게 된 것이다. 책상 위 컴퓨터를 바라보며 일을 하는 사람들을 보니 기분이 무척 이상했다. 이들에겐 오늘이 그냥 화요일이라는 사실을 잠시 잊었던 탓이다. 런던의 빨간 이층버스는 내가 잊고 있던 것들을 자꾸 상기시켜주며 무심하게 달렸다. 2층의 창문과 가로수의 나뭇잎들이 만날 때마다 무척 행복해졌다.

워털루 역

영화를 보기 전 끼니를 해결하기 위해 근처 역에 들렀다. 워털루 역은 National Rail과 세 개의 지하철 노선이 다니는 엄청나게 큰 역이다. 외관부터 영국답게 웅장한 역으로 들어가면 작은 공항을 보는 듯 떠나고 도착하기 위해 머무르는 사람들이 가득하다. 그들을 바라보며 밥을 먹고 엽서를 샀다. 역에서 영화관으로 가는 지하 보도에서는 웨딩 촬영이 한창이었다.

나를 보고 싱긋 웃는 신부의 미소를 보면서, 오늘은 진짜 런더너가 된 것이 틀림없다고 느꼈다.

영화관과 영화

영화 시작 두 시간 전에 도착한 나는 영화관의 카페에서 라테를 먹으며 엽서를 쓰고 사람들을 관찰했다. 아무래도 내가 보기로 선택한 영화가 디즈니 애니

메이션이어서인지 가족들이 가득했다. 그중에는 할아버지와 손자, 아빠와 아들, 이렇게 단둘이 온 경우도 많았다. 미니 머리띠를 하고 반짝이 신발을 뽐내며 팝콘을 사러 뛰어가는 아이도 있었다. 엄마와 그리고 그녀를 꼭 닮은 네 명의 딸들은 말도 안 되게 사랑스러워 자꾸만 쳐다보게 했다. 영화는 흥미로웠다. 영국이 낳은 세계적인 작가로 손꼽히는 로알드 달의 원작을 영화화한 것이었는데, 개인적으로 로알드 달의 책 대부분을 읽었고 원작도 읽고 간 상태였기에 몰입이 쉬웠다. 런던이 배경인 영화를 런던에서 보고 있으니 느낌이 묘했다. 옆자리에 앉은, 이 극장을 가득 채운 런더너들은 무슨 느낌을 받고 무슨 생각을 할지도 궁금했다.

영화가 끝나고 : 기나긴 재발견

영화가 끝나고 나가는 길에 제대로 보니 정말로 가족밖에 없었다. 혼자 혹은 커플로 보러 온 일행을 찾을 수가 없었다. 각양각색의 아이들이 엄마 손을 잡고, 혹은 엄마에게 매달려 나가는 모습을 보니 눈물이 핑 돌았다. 엄마가 보고 싶었다.

그들을 보며 나는 가족에 대해 생각했다. 나는 가족이라는 단어에 약한 편이다. 그것이 가진 힘이 얼마나 강한지 알기 때문이다. 그 속에서 느끼는 정서적인 안정감, 어떤 일이 있어도 나는 사랑받을 것이라는 확신, 약속된 영원함, 그런 것들을 경험하며 자랐기 때문이다.

이쯤까지 생각하니 생각은 길어지기 시작했다. 평소에 내가 집착하고 관심있어 하는 키워드들이 서로 엮이고, 인과관계를 만들었다가 다시 풀렸다가 하며 머릿속을 둥둥 떠다녔다.

　모두가 가족의 힘을 경험하며 자랄 것 같지만, 그 힘을 몸과 마음으로 직접 겪고 믿는 사람은 생각보다 적다. 가족의 힘을 알고 있다는 점은 큰 축복이다. 내게 그들은 원심력의 중심 원 같은 존재이다. 언제든지 돌아갈 수 있는 가족이 있기에 나는 바쁜 세상을 정신없이 살 수 있다.

　이 힘을 알기에 나는 중심 원들을 늘린다. 가족과 같은 '집'을 만드는 것이다. 그게 사람이던, 물리적인 공간이던, 물건이던, 한결같음을 약속해두고 내가 돌아갈 수 있는 어떤 것을 만든다. 그리고 만든 집에 나의 애정과 마음을 퍼붓는다.

'집'들과 내가 만드는 평범한 하루하루들이 일상이다. 이 하루들은 무섭게 반복되고 그 반복은 영원에 가깝다. 나는 일상이 만드는 소리, 작게 발동되는 변주들을 사랑한다.

가족, '집', 일상. 나는 자꾸만 이것에 집착한다. 집착. 의존이라는 표현이 더 정확하겠다.

변하지 않는 것에 대한 집착과 의존은 인간 누구나가 가지고 있다고 생각한다. 그렇기에 신이 있고, 종교가 있겠지. 내가 의존하는 것들은 나를 안정시키고, 나를 편안하게 한다. 그리고 컴포트 존을 만든다.

모든 컴포트 존이 그렇듯 컴포트 존 밖으로 걸어 나오는 것은 힘겹다. 극심한 불안감과 의심, 공허함을 데리고 온다. 나 역시 '집'에서 멀어질 때마다 공허함과 우울함을 느끼고, 가끔은 나 자신을 극단으로 몰고 가기도 한다. 컴포트 존이 주는 안정적인 상태에 지나치게 집착해서 그것만을 추구하기도 한다. 용기를 내는 것을 두려워하고, 망설인다.

이렇게 본연의 것을 들여다보는 날이면 생각과 감정이 굉장히 얽혀서 마음도 글도 힘들어진다. 본연의 두려움, 본연의 공포, 본연의 겁쟁이, 본연의 개복치.

나는 숙소에 들어가기 전 조치를 하기로 한다.

강

숙소에서 10분 남짓 걸으면 탬즈 강이 나온다. 나는 강을 좋아한다. 강을 바라보고 있으면 물결과 함께 그 위로 복잡한 마음과 생각들이 둥둥 떠내려가는

것만 같다. 그 덕에 잡념은 사라지고 오롯이 나만 남는다. 템즈 강 위로 오리 한 마리가 그저 물살에 몸을 맡기고 있다. 아마도 오리는 강이 가진 능력을 가장 잘 알고 있을 것이다.

도시 한 가운데 강이 만드는 경계, 그로 인해 생기는 풍경들이 좋다. 그로 인해 만들어지는 의식이 좋다. 사람들은 하루에도 수백 번씩 경계를 넘나들고 그들만의 의식을 치를 것이다. 강은 정말 멋지다. 강의 언저리 어딘가를 따라있을 사람들의 꿈, 휴식이 좋다. 숙소에 바로 들어가지 않고 강을 보러 오길 잘했다고 생각한다.

감사한 일 발견하기

강에서 숙소로 돌아오는 길에 놀이터가 있어 그네를 탔다. 생각 없애기에 가장 좋은 두 가지인 그네와 강이 숙소 가까이에 있다는 것에 문득 무척 감사했다.

때마침 한국에 있는 친구에게서 보고 싶다고 연락이 왔다. 나를 보고 싶어하는 사람이 있고, 누군가에게 보고 싶다는 말을 들어서 감사했다. 이 친구와 안지 벌써 5년이 다 되어간다는 사실을 깨달았다. 나를 행복하게 했던 사람들이 지금도 나를 행복하게 한다는 것이 너무 감사했다. 추억을 만들었고, 그 추억을 지금도 함께 추억한다는 것이 감사했다.

런던에서 나에 대해 계속해서 돌아보고 발견하면서, 그리고 누군가가 자꾸만 떠오르고 엽서를 쓰면서 나뿐만 아니라 내 주변 사람들에 대해서도 생각이 정리되고 있다. 이 사람들이 나의 삶에 어떻게 들어왔고, 어떤 시간을 만들어주었는지 곱씹다 보면 내게 어떤 존재인지 가슴 깊이 느끼게 된다. 참으로 감사한 일이다.

오늘도 감사한 하루였다.

다섯째 날 :
유독 반가웠던 밤 열 시의 런던
—

　날씨도 마음도 우중충했던 넷째 날이 끝나고 다섯째 날이 왔다. 오늘은 한국인 동행들과 다른 도시를 가기로 한 날이었다. 4명 이상 가면 푯값이 반값이 되기 때문에 한 선택이었는데, 셋째 날의 기억도 떠오르고 컨디션이 좋지 않아 망설였다. 그러나 가만히 있으면 변하는 게 없을 것 같아서 집을 나섰다. 이제는 조금 익숙해진 길을 따라 런던 브릿지 역으로 향했다. 런던을 떠나는 것이었기에 지하철이 아닌 기차역이었다. 동행들을 만나고, 표를 사고, 기차에 올랐다. 기차에 오르는 사람들은 다양했다. 무지개색 넥타이를 맨 할아버지. 서로의 손을 앞뒤로 맞잡고 기차놀이를 하듯 들어오는 노부부. 기차역이었다, 나는 오늘 런던을 떠난다는 것을 실감했다.

안녕, 브라이턴

엠티를 떠나는 신입생들처럼 자기소개를 하고 젤리를 먹으니 한 시간이라는 시간이 훌쩍 갔다. 브라이턴에 도착하자마자 날 반겨주는 것은 갈매기였다. 바다 도시였다 이곳은. 나는 바다와 맞닿아있는 바다 도시를 매우 매우 좋아한다. 바다 냄새, 바닷바람, 지평선이 불러일으키는 오묘한 감정들이 사람들과 한데 뒤엉켜 살아가는 모습은 나를 들뜨게 한다. 버스표를 끊고 시가지로 나가자 확연히 런던과는 다르다는 게 느껴졌다. 또다시 만나는 새로운 자극에 활력이 돌기 시작했다.

브라이턴에서 세븐시스터즈 절벽까지 가기 위해 또 한 시간 정도 버스를 타야 했다. 그러나 그 시간이 짧게만 느껴졌다. 이 사랑스러운 바다 도시가 말도 안 되는 풍경을 보여주었기 때문이다. 시가지를 넘어 마을로 들어가고, 해안선을 따라 집들이 나란히 있고, 그들이 탈 버스 정류장, 이용할 식당, 그 모든 것이 말도 안 되게 느껴졌다.

나는 어려서부터 살던 동네를 벗어나게 되면 '이 사람들은 어떻게 살까? 뭘 해 먹고 살까? 어디에 직장이 있을까?'를 생각하곤 했다. 브라이턴의 식당, 컴퓨터 수리점을 보며 이번에도 나는 '이 사람들은 늘 바다를 보며 출근할까? 이 사람들은 대부분 여기서 나고 자라 여기에 삶을 꾸릴까? 이곳은 어떤 도시일까? 이방인이 있을까?' 등을 끊임없이 생각했다. 그러면서 기술이 덜 발달해서 작은 마을이 작은 마을로서 살아갈 수 있기를 바랐다. 인터넷으로 물건을 배송받는 것도 좋지만, 언젠가 그랬던 것처럼 무언가가 필요하면 시장으로 나가고, 집 근처 상점으로 나가서 서로 인사를 주고받으며, 그 마을이 전부여도 괜찮게 살았으면 좋겠다고 말이다. 하지만 동시에 기술이 발달했기에 내가 여기에 있고, 우리가 이렇게 가까워졌다고 생각하니 다른 생각이 들었다. 브라이턴은 내

게 세계화에 대해 고민하게 했다……!

버스를 한 번 갈아타야 해서 내린 곳은 도서관이었다. 이름부터 'Seaford Library'였는데, 버스마저 구불구불 올라와야 하는 이곳에 도서관이 있다는 게, 그것도 무려 3층 정도의 규모를 가지고 있다는 게 놀라운 마음을 갖게 했다. 할아버지와 할머니들이 매우 많았고 맥북과 함께 무언가 열심히 작업하는 아저씨들도 많았다. 아이들 역시 동화책 코너에서 열심히 뛰어놀고 있었다. 바다 마을의 도서관. 오래도록 기억될 굉장히 인상 깊은 장면이었다.

그리고, 세븐 시스터즈

버스에서 내려서 만난 세븐 시스터즈를 보고 처음 든 생각은, "지구상에 이런 곳이 있을 수 있나?"였다. 바람이 세차게 불어서 눈을 똑바로 뜨고 있을 수 없고 절벽은 저 멀리 펼쳐져 있는데, 그냥 너무 압도적이어서 도저히 다른 생각을 할 수가 없었다. 굵은 돌멩이들이 가득한 해안가를 걷고, 걸어 올라가 절벽을 보았다. 그리고 어떤 생각을 했냐면, 이런 곳이 세상에 있고 내가 이것을 볼 수 있다는 것에 감사했다. 태어나길 잘했다, 고 생각하기도 했다. 그저 기뻤다. 그저 너무 기뻐 다른 생각을 할 수가 없었다. 사실 나는 자연 풍경을 보고 이토록 기뻐하는 사람은 아니라고 생각해왔다. 스위스에 갔을 때도 그저 위대한 자연과 나약한 인간이라는 깨달음을 다시 얻었을 뿐이지 풍경을 본다고 해서 마음이 기쁨으로 충만해지는 경험은 여태껏 하지 못했다. 그러나 세븐 시스터즈는 내게 그런 경험을 주었다. 새로운 발견이었다. 무언가를 보았다는 것만으로 이렇게 행복해진 적이 있었나? 노력을 기울이지 않고 그저 감각으로부터 오는 순수한 행복함. 오늘이 태어나서 가장 순수하게 행복한 날이라고 자신할

수 있었다. 말도 안 되게 나를 충만하게 했다. 가슴이 터질 듯 기쁘게 하고, 잡
념으로부터 내 뇌를 마비시켰다. 그곳의 바람이, 풀이, 바다가, 풍경이 그렇게
만들고 있었다.

다시 런던으로

오늘 런던을 떠나기로 한 건 최고의 선택이었다. 지금껏 여행하면서 꼭 다시
오겠다는 마음이 생긴 여행지는 사실 없었다. 세상은 넓고 내가 못 가본 곳은
아직 많기에 이미 와본 곳을 또 오기엔 아깝다고 생각했던 것 같다. 그런데 브

라이턴은 처음으로 꼭, 너무, 굉장히 다시 오고 싶다는 마음이 들게 한 곳이었다.

세븐 시스터즈 절벽에서 내려와 정류장까지 가기 위해 걸었던 그 길마저 완벽했다. 소와 양이 울고 있었고, 초록색이 계속해서 흩뿌려져 있었다. 앞서 걸어가는 동행의 블루투스 스피커에서는 음악이 흘러나오고 있었고 그 길, 그 공간과 그 시간이 온전히 내 것 같았다. 가득 채워지는 기분이었다. 40분여를 걸었을까, 아쉽게도 길이 끝나고 정류장이 나왔다. 런던의 빨간 버스는 아니지만, 여전히 2층인 버스를 타고 우리는 다시 브라이턴 역으로, 그리고 기차를 타고 런던으로 왔다.

그리고 오늘의 생각

오늘 만난 동행 중에서 내가 가장 나이가 어렸다. 스물여덟 스물여섯 스물셋 그리고 스물둘. 각각의 나이는 멀게 느껴지면서도 가깝게 느껴졌다. 나를 규정하는 숫자와 나 자신 간의 괴리는 언제나 풀기 힘든 숙제인데 나이는 그중 가장 풀기 힘들다. 아마 눈 깜빡한 사이에 따블라이프에 도착한 것처럼 나는 눈 깜빡 한 사이에 스물아홉이, 서른이, 마흔이 될 것이다.

"어떻게 나이 들고 싶은가?"는 해야 하는 고민임에도 불구하고 정작 단 한 번도 진지하게 해본 적이 없다는 것을 깨달았다. 지금의 나보다 훨씬 어렸을 때는 나이가 들어도 한결같아야 하는 줄로만 알았다. 아마도 그건 마음이 늙기 싫어서, '꼰대'가 되기 싫어서, 자기가 꼰대인 줄 모르는 꼰대가 되기 싫어서였던 것 같다. 그런데 오늘 "어떻게 나이 들어야 하는가?"를 고민하다 보니 분명히 나이에 맞게 변해야 하는 부분이 있다는 것을 깨달았다. 내가 부디 현명하게, 나이에 알맞게 익어가는 사람이었으면 좋겠다.

하지만 분명히 언제까지고 한결같았으면 하는 부분도 있다. 나이가 들어도 시와 꽃을 받을 때 기뻐하는 사람이었으면 좋겠다. 시와 꽃을 선물하는 이의 마음이 얼마나 감사한 것인지를 부디 잊지 않았으면 좋겠다. 수많은 화려한 거리를 알게 되더라도 소박한 골목이 주는 편안함을 잊지 않았으면 좋겠다. 세상은 더 나아질 거라는, 우리는 더 사랑할 거라는 마음을 잃지 않았으면 좋겠다. 그리고 그 마음과 바람이 실현되는 데 보탬이 되는 사람이었으면 좋겠다!

어떻게 나이 들고 싶으냐 하면, 찾아오는 이에게 내줄 차와 작은 선물들이 언제고 갖춰진 집을 갖춘 사람으로 나이 들었으면 좋겠다. 내 사람들에게 어울릴 만한 향초와 노트를 고르고, 엽서를 쓰고, 그 사람에게 어울리는 차와 커피를 고를 줄 아는 안목을 갖춘 사람으로.

그리고 받은 만큼 나누는 사람으로.

오늘의 두 번째 생각

오늘 세븐시스터즈를 보고 걸어 내려오면서 이상한 마음이 들었다. 이렇게 노력 없이 행복해도 되나? 나에게 '행복'은 굉장히 힘들게 찾아오는 것이었다. 오늘 세븐 시스터즈가 내게 선사한 만큼의 행복을 그 정도의 노력 없이 느꼈다는 것이 이상했다.

돌이켜 생각해보니 이와 비슷한 행복은 강도만 다를 뿐 꾸준히 느껴왔다. 사랑하는 사람들과의 저녁 식사, 휴가, 가장 좋아하는 카페의 가장 좋아하는 메뉴와 같은 것들.

그런데 강도가 세지니 이상한 마음이 들었다. 돌이켜 생각해보니, 그동안 나는 성취와 행복을 동의어라고 생각해왔던 것 같다. 치열하게 노력해서 얻어내는 무언가, 그리고 그것이 주는 감정들이 행복이라고 여겨왔다. 그렇기에 강도 높은 행복이 다가왔을 때 '노력 없이' 얻었다는 점이 이상했다. 내게 강도 높은 행복은 성취와 같은 말이었으니까.

성취와 행복이 같은 삶도 물론 있을 수 있지만, 적어도 나는 그 두 가지가 구분 되어야 하는 사람인 것 같다. 그리고 오랫동안 그 두 가지를 구분 짓지 못했기에 자신을 힘들게 한 날들이 길었다. 이제 막 아! 하고 발견한 것이어서 짧게 떠오르는 생각 정도이지만 이 부분에 대해선 더 오래 생각해봐야겠다. 생각하다 보니 런던이었다. 어느새 하루가 꼬박 갔다.

밤 열 시 다시 런던에 돌아왔고, 내 마음엔 아직도 바닷바람이 부는 밤이었다.

여섯째 날 :
900년 동안의 오후 세 시
—

시간이 참 빠르다. 하루하루가 도통, 여간, 느리게 여간 가지 않는 것 같았는데 어느새 런던에 온 지 여섯 밤이나 지났다. 내일이면 일주일이라니! 빠르게 흘러간 시간을 돌아보며 옷을 챙겨 나섰다. 오늘의 런던은 화창했다. 숙소를 나서 버스를 타고, 도착지에 내렸다. 오늘은 런던탑을 가는 날이었다. 내린 버스 정류장에서 런던탑에 가는 길에 Monument가 있었다. 1666년의 런던 대화재를 기억하기 위해 세운 기념비였다. 전공 성적은 영 꽝이지만 나는 역사학도라는 것에 큰 자부심을 가지고 있다. 지금 밟고 있는 땅을 어떤 이가 밟았는지, 그 사람은 어떤 생각을 했는지 공부하는 것은 멋진 일이다. 역사학은 무궁무진하면서도 엄밀한 상상의 공간이다. 사료와 그가 남긴 무한한 여백을 따라 우리는 한 사람을, 한 도시를, 한 시대를 그린다. 나는 역사학을 공부하기에 다양한 차원으로 같은 공간을 이해할 수 있다고 믿는다. 그러니까, 오늘의 버스를 타면서도 1600년대의 런던을 그려본다는 것이다. 그러고 있으면 주변을 둘러싼 모든 것이 당연하지 않다.

런던탑

아무래도 오늘은 역사의 날이었나 보다. 기념비를 보고 이미 충분히 마음이 이상야릇해진 상태에서 런던탑을 만났다. 여기서 누가 죽었고, 어떤 역사가 담겨있는지는 아는 상태였지만 그곳을 실제로 보니 느낌이 정말 이상했다. 900년 전에 세워진 건물이 아직도 존재한다. 이곳에 왕실 가족이 살았고, 죄수가 갇혔으며, 많은 이들이 태어나고 죽었다. 그리고 내가 그곳에 있다. 900년의 세월 위로 나의 존재가 쌓였다. 갑자기 울컥했다.

런던탑은 대관식 때 사용하는 왕관과 보석들, 집기들을 보관하는 곳이기도 하다. 이곳에 보관해 두었다가 대관식이 되면 웨스트민스터 사원으로 옮겨 간다. 보관된 왕관과 집기를 직접 봤는데, 그 또한 엄청난 경험이었다. 400년 전 대관식에 쓰였던 왕관부터 현재 엘리자베스 2세 여왕의 대관식에 쓰였던 왕관까지. 압도당한다는 말을 완벽히 체험한 순간이었다.

그 외에도 런던탑은 참으로 많은 용도로 쓰였다. 여기서 화폐가 주조되고, 왕실의 소유물처럼 여겨졌던 북극곰, 뱀, 원숭이, 사자, 타조가 살았다. 1차 세계대전 당시에는 실제로 전쟁 막사로 쓰였고, 오랫동안 무기고로 활용되었다. 그 다양한 용도와 쓰임을 꼼꼼히 확인하고 둘러보는 것만으로 하루가 다 갔다. 사실 900년을 하루에 만난다는 것 자체가 말도 안 되는 일이었다. 런던탑의 일부 건물은 오늘날 관리자들의 사택으로 쓰이고 있었는데, 그 점이 인상적이었다. 죄수가 갇혔던 건물 옆으로 편지가 오고 밤낮으로 사람이 드나들고 산다니 말이다……!

　그리고 그 모든 여정 동안 런던탑은 참으로 친절한 유적이었다. 간간이 한국어 안내 문구도 적혀 있었고 크기와 비교하면 동선이 간단해서 쉽게 모든 것을 둘러볼 수 있었다. 막연한 사대주의로 흐르지 않게 경계했지만, 감탄이 나오긴 했다. 런던탑이 역사 유적이라곤 믿을 수 없을 만큼 다양한 참여 활동과 재치 있는 전시를 제공하고 있었기 때문이다. 놀이공원에 온 것 같다는 생각도 들었던 것이, 애플리케이션을 내려받아 각 미션을 수행하게 했다. 또 곳곳에 중세시대 옷을 차려입은 사람들이 지나다니고 그들이 인사를 건넸다. 가이드들은 중세시대 요먼 복장을 하고 있고, 무기고로 활용되었던 곳에 들어가자 내가 오

늘의 병사이니 활약해달라는 식의 스토리텔링 큐레이션이 되어있었다. 멋졌
다, 사실 거의 온종일을 보냈는데도 전혀 지루하지 않았다. 이런 공간을 만들
고 싶었다. 공간을 배워야겠다고 생각했다.

한국인 동행들과의 저녁

어제 만났던 한국인 동행들에게서 같이 저녁을 먹자고 연락이 왔다. 혼자 밥을 먹는 것에 물렸던 터라 좋다고 나섰다. 밥을 먹는 동안 우리는 다양한 이야기를 했다. 아무래도 살기 어렵다 보니 막막한 이야기가 오고 갔다.

'나'만의 강점에 대해 고민한다. 다른 사람과 구별되는 '나'만의 무언가를 만들자, 대학 이름 말고. 그러려면 어떻게 해야 할까? 이미 가지고 있다면 어떻게 발휘해야 할까?

실무적인 능력을 갖추라는데, 최소한의 기준을 맞추라는데, 하고 싶지 않아도 어쩔 수 없이 해야 하는 것들이 있다는데.

하고 싶지 않아도 해야 하는 것들의 기준은 무엇일까? 어디까지가 타협일까? 결국, 인생은 버티는 것의 연속일까? 하고 싶지 않아도 해야 한다면 해야 하는 걸까? 해야 하는 일이란 무얼까? 결국, 다 내가 선택하고 결정하는 걸까?

하고 싶은 걸 따라가라는데, 하고 싶은 게 무엇일까? 해보지도 않고 하고 싶은 것을 어떻게 알지? 그렇다고 다 해보기엔 시간도 돈도 없는데? 결국, 인생은 후회의 연속일까? 최선과 차선 중의 선택일까? 아니면 결국 최악과 차악 중의 선택일까?

이렇게 대화를 하다가 한국에서부터 지속해 온 질문들이 쏟아져 나오고, 그들과 헤어지고 숙소에 도착할 때까지도 질문한다. 그러나 답이 없고, 답을 찾지 못할 거라는 것도 어렴풋이 안다.

오늘은 어떤 발견도 하지 못했고, 저런 질문을 던지는 날에는 언제나 그렇듯 나 자신만 한심해지고 한없이 우울해진다. 유독 창문 밖 소음들이 거슬리는 밤이다.

일주일 째 : 아찔한 오후 두 시

시간이 안 간다 안 간다 했는데 어느덧 런던에 온 지도 일주일이다. 슬슬 한국, 즉 현실로 돌아가는 일이 걱정되기 시작했다. 런던살이도 익숙해진 건지 오늘은 제법 늦잠도 잤다. 여기선 늘 일곱 시면 눈이 번쩍 떠졌는데 오늘은 부은 눈을 겨우 떠 시간을 확인하니 열 시였다. 놀랍기도 해라.

또 길을 나섰다. 머물러 있는 이의 행운 중 하나는 여유로운 일정이다. 어제는 런던탑, 오늘은 세인트 폴 대성당. 욕심내지 않고 런던의 랜드마크를 하나씩 소화하는 중이다.

세인트 폴 대성당을 방문하기 전 Wasabi에 들러 주먹밥과 연어 초밥을 먹었다. 이 주변은 은행가여서 점심시간에 맞추어가니 직장인들이 가득했다.

이 모든 것을 기억하고 싶다. 포크로 초밥을 먹는 영국의 직장인들, 버스에서 스도쿠를 하는 흰 머리의 왼손잡이 할아버지, 타워 브릿지 앞에서 웨딩 사진을 찍고 있던 부부, 영국 발음으로 들려오는 영어들, 단어 앞쪽의 악센트가 부드럽게 올라갔다 내려오는 버스와 지하철의 안내음성, 공원 곳곳에 의자와 벤치를 늘어놓고 햇살을 즐기는 사람들, 시내 한복판에 놓인 탁구대, 저녁 시간이 되면 붐비는 펍과 레스토랑의 풍경, 맥주를 손에 쥔 채 일어서서 대화하는 런던 사람들. 이 모든 것을 기억하고 싶었다.

의회 문화가 왜 발전했는지 간단하게 파악이 가능할 만큼 런던 사람들은 수다를 좋아하는 듯했다. 그들은 잔디에 주저앉아서, 다리도 안 아픈지 일어나서, 끊임없이 대화하고 끊임없이 시끄러웠다. 그야말로 대화의 도시다. 그들을 바라보고 있자면 저들에겐 오늘의 식당과 메뉴는 무엇인지 중요하지 않은 것 같았다. 그저 나와 대화할 상대와 그리고 대화거리가 중요한 것이다. 요즘의 나에게는 오늘 만났던 사람보다 오늘 먹었던 음식과 오늘 방문한 '핫 플레이스'가 더 중요했던 것 같아서 반성하게 되었다. 그리고 '그 사람을 만나는 것 자체만으로 의미 있는, 무언가를 하지 않아도 충분한' 사람들에게 감사한 마음이 들었다. 그러기엔 참 어려운 요즘이니까. 혹시 런던의 음식이 맛있지 않은 것이 이런 이유인가……?

세인트폴 대성당

세인트폴 대성당은 런던의 성당들 중 유일하게 돔을 가지고 있다. 그리고 중요한 의식과 추모, 미사가 열리는 국가의 상징적인 성당이다. 푯값을 내면 무료로 한국어 오디오 가이드를 지원해준다. 덕분에 네 시간가량을 지루하지 않게 성당에 흠뻑 빠져있을 수 있었다.

유럽 성당 특유의 웅장함과 정교함, '인간이 어떻게 이걸 만들었지?'라는 생

각은 말할 것도 없었다. 세인트폴 성당을 더 특별하게 만드는 것은 오디오 가이드에 있었다. 성당, 그리고 런던 시내가 한눈에 내려다보이는 갤러리, 유명인들이 묻히고 추모 되는 지하 성당의 자세한 부분까지 꼼꼼히 설명되어 있었다. 또 오디오 가이드에서는 간간이 묵상을 제공했다. 웅장한 성당 안에서 말씀을 듣고 있자니 성공회 신도가 아님에도 불구하고 눈물이 자꾸만 났다. 그도 그럴 것이 묵상의 내용이 '누구든지 예수 그리스도 안에서는 똑같다' 던가 '오늘도 힘들게 살아갈 지구 반대편의 사람들을 외면하는 우리를 용서하소서.' 와 같이 공감이 안 되려야 안 될 수 없었기 때문이다.

또 특별했던 점은 성당 곳곳에 미술 작품을 전시했다는 점이었다. 헨리 무어의 조각, 여성 길거리 화가의 작품, 영상까지, 작은 미술관이라 해도 무방했다. 그렇게 하는 이유는 예술이야말로 만국공통어이고 따라서 예수의 뜻을 더 잘 전할 수 있어서라고 했다. 참으로 우스웠다. 종교, 그놈의 종교 때문에 세계의 역사는 이상한 곳으로 흘러갔다. 모두를 사랑한다는 신을 내세워 서로를 죽이고, 편을 가르고, 편협해졌다. 이제야 가까워지는 걸까. 이제야 정말로 예수의 뜻에, 모두를 사랑하는 신의 뜻에 우리는 가까워지고 있는 걸까. 희망적이었다. 영국인이 아니라는 이유로 천장 벽화에 그림을 그릴 수 없었던 400년 전과 달리 이제 세인트 폴 성당은 8개 국어의 오디오 가이드를 제공한다. 피부색이 다른 사람들이 서로 감상을 나누고, 위스퍼링 갤러리 벽에 대고 속삭인다. 희망을 잃기 쉬운 세상이다. 희망보다는 절망이 우리를 집어삼키는 세상이다. 그런데도 희망을 잃지 말아야지, 세인트폴 성당에서는 몇 번을 울컥했는지 모른다.

오늘의 조그맣고 우스운, 하지만 중요한 생각

나는 죽기 싫다. 세인트폴 대성당은 성당을 한눈에 볼 수 있는 위스퍼링 갤러리, 런던을 한눈에 볼 수 있는 스톤 갤러리와 골든 갤러리를 갖추고 있다. 이곳들은 400년 전에도 유료였으나 방문객이 끊이지 않던 곳이라고 한다. 그곳에 올라가려면 각각 200여 계단 정도를 올라가야 한다. 걸어 올라가다 보니 다리가 후들거리고, 정작 위스퍼링 갤러리에 도착해서도 밑을 내려다보는 게 무서웠다. 고소공포증이 있다고 생각해본 적은 한 번도 없는데, 정말로 이게 무너져 내리면 어떡하지라고 생각했다. 스톤 갤러리에서 골든 갤러리로 걸어 올라가는 계단은 폭이 좁고, 구불거리며, 구멍이 송송 뚫려있었다. 혹시라도 발을 헛디뎌 떨어질까 봐 식은땀이 줄줄 났다. 내가 이렇게 죽기 싫어하는구나……!

누구나 그렇듯 마음이 힘들 때가 있다. 그 시간이 꽤 길어졌던 때가 있고, 그때는 죽음 따위는 무섭지 않았다. 오히려 살아있는 지금이 무서우면 무서웠지. 그런데 지금의 나는 죽기 싫어 바둥거리고 있었다. 아, 내 마음 매우 건강하구나! 죽음 뒤는 하나님 아버지가 계시는 천국이니 두려워하지 말라는 성당에서 아이러니하게도 나는 죽기 싫다는 것을 생생히 깨닫고 있었다. 어쩌면 삶이란 그저 죽음이 무서운 알량한 순간들이 아닐까! 조금은 가볍게 생각할 필요가 있다.

오늘의 조금 큰 생각 : 겸손해야 한다

스무 살에 진입하고, 따블라이프에 다다르면서 내 의식에 생긴 커다란 변화가 있었다. 그 전에는 재능보다 노력이 중요하다고 생각했다. 하지만 대학 입학 후 노력으론 도저히 따라잡을 수 없을 것 같은 사람들과 생활하다 보니, 타고난 재능만이 유의미하다고 생각하게 되었다. 나는 오늘에 이르기까지 이 생각이 얼마나 위험한지 모르고 있었다. 대학 안에서 재능 있는 친구들과 그렇지 않은 나를 가르며 열등감을 느끼는 동시에 그 바깥에서는 재능 있는 나와 그렇지 않은 사람들을 나누며 우월감을 느끼고 있던 것 같다. 열등감과 우월감은 동전의 앞뒷면처럼 꼭 붙어 있었다. "재능이 없으면, 타고난 똑똑함이 없으면 절대로 안 돼." 지난 2년 반을 돌이켜보니 오만함으로 똘똘 뭉친 나를 만들기 위한 여정이었던 듯하다. 필터를 장착했고, 사람과 일과 경험들을 나의 기준으로 걸렀다. 나는 편협해졌고, 오만해졌다.

세인트폴 대성당을 짓는 데 33년이 걸렸다고 한다. 한 명의 인간이 그토록

오랜 작업을 어떻게 지속할 수 있었을까? 런던에 와서 글을 쓰기로 마음먹으면서 노력이 중요하다는 생각을 다시 하게 되었다. 좋은 문장과 글감, 깨달음이 머릿속을 스쳐도 너무 피곤하다는 이유로 미뤄버리고 잡지 못하면 그저 흘러가버렸다. 33년 동안 글을 써서 완성한다고 생각했을 때, 타고난 재능이 노력보다 더 큰 역할을 할까. 필요한 것은 노력할 줄 아는 재능, 꾸준할 줄 아는 재능이었다. 쉽게 지치지 않고 쉽게 불평하지 않는 재능. 또 그릇을 키워야 할 것이다. 같은 것을 보더라도 더 많이 담는 그릇. 순간을 포착할 줄 알고 다양한 각도로 볼 줄 아는, 24시간을 48시간으로 만들고, 책 한 권을 도서관으로 만드는. 그러려면 겸손해야 한다. 어린 내가 벌써 참 많이도 재단하고 있었다. 내 안으로 흘러들어오고자 문을 두드리는 많은 가르침, 깨달음, 영감, 시공간을 슬쩍 엿보고 판단하고 거부하고 있었다. 바뀌어야 한다. 바뀌어야 한다! 더 열리자, 벌써 틀을 만들지 말자!

오늘의 두 번째 조금 큰 생각 : 나누는 삶에 관해

런던에 와서 하루하루가 너무 기뻐서 키다리 오빠들께 감사하다고 했다. 그랬더니 나는 생각지도 못했던 답을 들었다. "지금 기쁜 거 나중에 다른 사람들에게 나누고 살아."

한 달에 한 번씩 노숙자들을 위해 정기 후원을 하고 있다. 만 원 정도. 어려운 사람들을 보면 무언가 하고 싶다.

세인트폴 성당에는 남을 위해 생을 바친 많은 이들이 기억되고, 추모 되고, 묻혀 있었다.

나누는 삶. 그것이 낯설고 멀게 느껴지는 이유는 그것이 거창해 보여서일까? 지금 내가 실천하고 있고 가지고 있는 마음가짐이 작아서일까? 오늘 느꼈던 것은, 꼭 그래서만은 아니라는 것이다. 그저 나누는 일이 내게 "당연하지 않아서"였다. 나누는 일은 그동안 의식해야만 실천할 수 있었다. 생각해보면 다른 생각과 행동보다 훨씬 덜 자발적이었다. 나누는 걸 당연히 여기는 사람이 되자. 지금에 이르기까지 나는 무수히 많은 사람에게 무수히 많은 것들을 받아왔다.

여덟 번째 날 :
미래는 보라색이야, 오전 열한 시
—

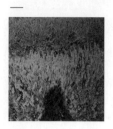

일주일이 넘어가고 나니 혼자 여행하는 게 덜 무서워졌다. 오히려 나에게 혼자 하는 여행이 매우 알맞고, 이 시간을 충분히 즐기고 누리고 있다는 것을 깨닫고 있다. 이렇게 용기를 내서 컴포트 존 바깥으로 나가면 내가 모르던 나를 만날 수 있다. 그리고 나에게 더 맞는 것, 나에게 더 행복한 길을 찾을 수 있다. 나는 앞으로 어떤 또 다른 컴포트 존을 탈출하게 될까.

8일 차 정도가 되니 자신감이 어느 정도 붙어 오늘도 근교로 여행을 떠나고자 마음먹었다. 런던이긴 하지만 외곽이어서 기차표를 사야만 하는 곳이었다. 온 사방이 라벤더여서 보랏빛 풍경을 마음껏 누리고 올 수 있다는 말에 망설임 없이 나섰다. 워털루 역에서 표를 끊고, Wasabi에서 도시락을 사고, 기차에 올랐다. 창밖으로 보이는 런던아이가 짧은 여정의 시작을 알렸다.

버스를 기다리며

기차역에 내려서 버스 정류장까지 찾아갔지만 40분을 기다려야 했다. 농장은 교외에서도 또 교외에 있어서 버스 배차 간격이 짧지 않았던 탓이다.

버스를 기다리며 이곳의 사람들을 관찰했다. 평화로운 근교여서일까, 확실히 노인이 많이 보였다. 문득 우리 할머니가 떠올랐다. 우리 할머니는 어떤 사람이냐면, 말도 안 되게 착한 사람이다. 우리 할머니의 마음씨를 크게 깨달았던 적이 한 번 있었다. 꽤 안정적인 노후를 보내고 계시는 어떤 할머니께서 아직도 폐지를 주우시더라, 그 나이에 참 부지런하고 알뜰하시다고 감탄을 한 적이 있었다. 감탄하는 나에게 "아이고, 대단은 하시지만 그러시면 안 되는데." 했다. 나는 "왜? 그 할머니 힘들까봐?"라고 물었고, 할머니는 "아니, 폐지는 더 어려운 분들이 주워 쓰라고 남겨두어야지." 했다. 세상에, 나로서는 평생 갖지 못할 사고방식이었다. 나는 내 인생이 술술 풀리고 엄청 행복할 때마다 이 모든 건 말도 안 되게 착하게 산 할머니 덕이라고 굳게 믿곤 한다. 모든 낮은 곳과 아픈 곳을 가여워하는, 한평생 제대로 화 한 번 내본 적 없는 할머니 마음을 하늘이 손녀인 내게 보답하는 거라고 말이다. 버스 정류장 앞으로 줄줄이 지나가는 할머니와 할아버지를 보며 나는 자꾸만 할머니를 떠올렸다. 안 그래도 오늘은 그런 날이었다. 런던에 있는 동안 다양한 머리 스타일을 해보고 싶어서 오늘 아침 나는 묶음 머리, 올림머리를 하고자 끙끙댔다. 문득 할머니가 떠올랐다. "네 엄마는 말이야, 너무 예뻐서 시장에 데리고 돌아다니면 다 한마디씩 했어. 딸이 너무 예쁘다고. 네 엄마 곱슬머리가 예뻐서 머리를 올려 묶으면 꼭 장미처럼 피어났어." 할머니는 그렇게 말하며 달뜬 미소를 지었었다.

우리 할머니와 버스 정류장의 노인들. 늙는다는 건 무엇일까. 저들의 마음에는 얼마나 많은 달뜬, 애달픈, 한스러운, 따뜻한 기억들이 쌓였을까. 저들의 피부와 머리에는 얼마나 값진, 유의미한, 때로는 무의미한 교훈이 남았을까. 햇살에 비친 그들의 피부가 유독 투명해 보였다. 늙는다는 건 점점 투명해지는 건지도 모르겠다.

메이필드 라벤더 농장

그렇게 생각을 거듭하다 보니 166번 버스가 도착했다. 막상 버스로는 30분 정도밖에 걸리지 않았다. 1파운드의 저렴한 입장료를 내고 들어가니 정말 보랏빛 라벤더밭뿐이었다. 걸어도 걸어도 계속. 어떤 사람이 이런 걸 만들 생각을 했을까, 처음부터 이렇게 관광객을 끌 목적으로 만든 걸까, 아니면 어떤 부자가 정말 순수하게 라벤더를 좋아하나, 여러 생각이 들었다. 끝없이 펼쳐진 라벤더 향연에 발도 손도 맘도 보랏빛으로 물드는 것만 같았다. 사진을 몇 장 찍고 나니 뭘 해야 할지 모르겠어서 그저 주변을 둘러보던 중이었다. 그러다 어떤 여자와 눈이 마주쳤고, 그녀는 혹시 중국인이냐며 중국어로 나에게 말을 걸어왔다. 나는 중국인은 아니지만, 중국어를 조금 한다고 했고, 우리는 그렇게 갑작스러운 동행을 시작했다. 그녀는 싱가포르 항공의 승무원으로 일하고 있었고, 런던 비행 일정 중 짬을 내 이곳에 들렀다고 했다. 그녀는 열성적인 사진작가였고 끊임없이 그녀 자신과 나의 사진 구도를 고민했다. 덕분에 의도치 않게 라벤더밭에서의 예쁜 사진을 얻게 되었다. 잠깐이라도 함께 해줘서 고마웠다고 내게 라벤더 방향제까지 선물한 그녀와 헤어지면서 농장에서의 일과가 끝났다.

얽히면서도 차단된. 서구권 사람들은, 그리고 여행자들은 그런 삶을 참 잘

사는 듯하다. 플랫 메이트들과 살면서도 서로의 공간과 일상이 얽혀있지만 구분되어있다는 점이 특이하다고 생각했는데, 여행하면서 만나는 여행자들과도 그렇다. 전혀 모르는 사이끼리 어울려 서로의 하루를 함께 한다. 우리는 얼마나 다르게 같은 것을 보고 있을까, 또 얼마나 같은 모습으로 다른 걸 느끼고 있을까. 이 독특하고 이상한 하루들에 적응해나가는 중이다. 여행이란 이런 것 아니겠어!

쫓기는 삶에 관하여

166번 버스는, 돌아갈 때는 무려 1시간을 기다려야 했다. 정류장에 앉아 본격적인 기다림을 시작한 나는 한국에서 날아 들어오는 카카오톡을 확인했다. 심장을 조이는 답답함이 몰려왔다. 해야 하는 일들로부터 '잠깐' 도망쳐 이곳에 왔다는 사실이 상기된 것이다.

생각 없이, 정신없이 보낸 1학년 1학기를 제외하고는 대학 내내 항상 바쁘게 살았다. 학창 시절 공부가 차지하던 시간이 비고 나자 엄청난 공허함이 몰려오기 시작했고 무엇을 해야 할지 몰랐던 나는 그 자리를 닥치는 대로 채워 넣었다. 학점, 사람, 스펙으로 호환되는 대외활동, 취미 활동, 아르바이트까지. 6월 초에 이미 7월 할 일이 정해져 있었고 아무 일정도 없이 텅 빈 하루를 가지는 날이 드물었다. 빈 시각을 가진다는 것이 참으로 두려웠다. 그래 본 적이 없기에. 그리고 런던에서 돌아가면 또다시 그렇게, 어쩌면 그보다도 바쁘게 살아가야 하던 참이었다.

그리고 나는 이런 삶에 대하여 내가 어떻게 느끼고 있는지 생각할 기회가 없었다. 이런 삶이 나를 힘들게 하는 건 사실이었다. 지금처럼 밀려 들어오는 압박감은 느닷없이 찾아오고, 꾸역꾸역해야 할 일을 하고 있자면 헛구역질이 나왔다. 그러나 동시에 목표를 성취했을 때 오는 뿌듯함, 주기적으로 찾아오는 피드백, 눈에 보이는 결과물들을 쥐고 있자면 이렇게 살지 않는 게 더 불행할 것이라는 생각을 했다.

사실 저번 학기는 내가 얼마만큼의 일을 감당할 수 있는지 시험해보는 학기였다. 정말 다양한 일을 했다. 그런데 인간이라는 게, 막상 닥치고 주어지면 다 하더라. 한계라는 게 딱히 없게 느껴졌다. 그런 내 모습을 보고 한 친구는 말했다. 이 사회는, 이 못된 자본주의 사회는 인간 역시 기계처럼 소진해 제 몫을 한

방울도 남김없이 다하게 하는 사회라고. 네가 스스로 마지노선을 잡지 않으면 너는 끊임없이 그 덫에 빠져들 거라고. 사실인 듯했다. 내가 열심히 사는 건 열심히 사는 것도 아닌 요즘이었다. 다들 21학점을 들으며 아르바이트를 두 개 정도 하고, 대외활동과 동아리를 하며 연애까지 하는 요즘. 인턴 때문에 학교를 못 나오지만, 휴학은 할 수 없어서 시험 대체 과제를 교수님께 부탁하는 요즘.

곰곰이 생각해봐도 나는 나의 마지노선을 어디로 잡아야 하는지 잘 모르겠다. 그리고 그 마지노선을 잡았을 때 각각 어떤 것들을 포기해야 하는지, 내가 어떤 모습일지, 행복해지는지 잘 모르겠다. 내가 알고 있는 것은 극한에 다다르면, 밑바닥을 탕! 하고 치면 올라올 궁리를, 살 궁리를 한다는 것이다. 다음 학기에 벌일 일들을 고민하는 나를 보면 아직 살만한 것 같다. 이렇게 소진하며 벅차게 살다 보면 언젠가 '에잇, 몰라.' 하고 때려치우고 싶은 순간이 오지 않을까. 적어도 조금 쉬었다 가고 싶다고 생각하지 않을까. 내 마지노선은 좀 더 경험해보고 잡기로 했다.

사실 런던에 오면 이런 것들이 가능될 줄 알았다. 내가 어떤 삶을 살고 싶은지, 어떤 것이 나에게 가장 중요한지, 한 사람에게 참 많은 것을 바라는 시대와 어디까지 타협할 것인지. 그런데 여기 와도 잘 모르겠다.

라벤더 농장에서 출발할 때까지만 해도 쨍쨍한 해 덕분에 덥고 따갑던 날씨가 런던에 오니 약간 서늘해졌다. 먹구름도 보이고, 곧 보슬비도 잠깐 올 것 같았다. 삶이라는 건 런던의 날씨 같을 거다. 예측할 수 없고 뜬금없을 거다. 지금 내가 대답할 수 없는 것들을 언제쯤 알게 될지도 모르고, 설사 알게 된다 하더라도 내가 어떻게 바뀔지도 모른다. 그저 런던이 내게 준 것은 적어도 생각하며 살자는 것이다. 지금까지는 그저 달리기만 했다면 이제는 좀 생각하며 살자고 런던은 말한다.

생각해야겠다. 나 사용설명서를, 적어도 응급상황 매뉴얼은 만들어야 하니까. 지금 따블라이프, 스물두 살이니까 적어도 쉰둘쯤 되면 알게 되었으면 좋겠다!

가꾸는 삶에 관하여

런던 중심을 벗어나 근교로 나가면 큰 정원과 뒤뜰을 갖춘 집들을 볼 수 있다. 트램펄린, 볼풀, 작은 수영장, 벤치, 수국 한 덤불, 매끈한 잔디를 보고 있자면 감탄만 나온다.

나는 취미가 없는 사람이다. 오랫동안 그것에 대해 딱히 의문을 갖지 않았는데, 런던에 와서 내 안 이곳저곳을 헤집고 캐내다 보니 이러한 사실을 알게 되었다. 음악, 책, 별, 커피, 영화, 그림, 그 어떤 것이든 수준 높은 안목을 갖춘 사람들이 있다. 나는 그런 이들을 깊이 존경하고 그들과 어울리는 것을 좋아한다. 내가 그런 면이 없기 때문이다. 나는 취미 생활이 주는 순수한 즐거움에 익숙하지 않은 사람이다. 나는 '생산성', '효율성', '목적'이 없으면 굳이 무언가를 하지 않는 비자발적인 사람이다. 그나마 하던 것이 학창시절 한창 하던 아이돌 덕질 정도……? 그마저도 학업 스트레스가 찾아들자 그만두었다.

자신의 뒤뜰을 꾸미는 이들과 취미를 가지는 이들의 공통점은 자신의 세계를 풍요롭게 넓힐 줄, 가꿀 줄 안다는 것이다. 내가 생활에 꼭 필요한 화장실과 침실 정도를 겨우 정리해가며 산다고 하면 그들은 티 룸과 드레스 룸, 정원과 뒤뜰을 가꾸며 산다.

가꾸는 삶이 더 존경스러운 이유는 그것이 얼마나 오래 걸리는 일인지 알기 때문이다. 가꾼다는 것은 향기와 비슷하다. 한 사람의 향은 오랜 시간이 지나고 나서야 생긴다. 단순히 한 번 칙 뿌리고 바르면 생기는 화장품이나 향수의 향이 아니다. 그 사람의 집 냄새, 그 사람의 살 냄새, 그 사람의 많은 공간과 시간이 모여 그 사람만의 향이 된다. 가꾸는 삶은 향기를 만드는 삶과 비슷하다. 아주 길고 아주 꾸준한 시간이 걸린다.

내가 취미가 없는 이유는 많을 것이다. 애초에 타고난 성격이 그럴 수도 있

고, 경제적으로나 심리적으로나 여유가 없어서 그럴 수도 있다. 아니면 나도 모르는 취미가 이미 있을 수도 있다(해리포터 덕질이나 편지쓰기도 취미라면). 지금은 아니라 할지라도 차차 취미가 있는 사람, 가꾸는 삶을 사는 사람이 되고 싶다. 실은 엄청 불가능하게 느껴지지만, 희망은 보인다. 열두 살의 동두천 살던 내가 스물둘에 혼자 런던 여행을 할 줄은 꿈에도 몰랐을 거니까. 서른두 살의 나는 차와 커피에 엄청난 안목을 갖추어서 책을 쓸지도 모르겠다. 아니면 접시와 엽서라던가! 아니면 공간!

　의도치 않게 미래지향적인 하루였다. 그리고 엄마 지향적인 하루이기도 했다. 보라색을 보고 있자니 엄마 생각이 났다. 보랏빛 향기는 내가 태어나서 처음 들어 본 엄마의 노래였고, 엄마는 보라색을 좋아한다. 실은 어제 성당 가서도 엄마 생각이 났다. 엄마가 보고 싶다. 나는 진짜 어쩔 수 없는 효녀인 것 같다.

아홉 번째 날:
주말의 오후 두 시와 런던

—

　오늘은 오후 두 시에나 숙소를 나섰다. 이곳은 서울보다 주중과 주말의 구분이 훨씬 명확하다. 주중의 소리와 주말의 소리가 매우 다르다. 주말의 소리는 훨씬 더 조용하고 적막하면서 동시에 더 시끄럽다. 상점이 쉬고, 사람들이 쉰다. 그러면서 사람들은 가족들과 공원을 찾고 부산스런 소리를 만들어낸다. 침대 속에서 소리를 진득하니 누리다가 겨우 일어났다. 오늘은 정말로 간단히 나섰다. 늘 메던 백팩도 메지 않고 간단한 에코백에 카메라와 에너지 바만 구겨 넣은 채로 길을 나섰다. 진짜로 여행객이 아닌 런더너가 된 기분이었다. 특별한 목적지도 없었다. 나는 공원에도 가고, 카페에도 갈 생각이었다. 그냥 발길 닿는 대로 다녀야지. 새로운 지하철 라인, 새로운 버스도 만나겠지!

한 시간 만에 만난 리젠트 공원

사실 첫 목적지는 리젠트 공원이 아니었다. 오늘은 날이 밝았고, 나는 그저 가만히 앉아 있고 싶었다. 그래서 공원에 가야겠다고 생각했고, 유명하지만 비교적 작고 가까운 템플 가든에 가려고 했다. 그러나 열심히 찾아간 템플 가든의 문은 닫혀 있었다. 호수 공사가 진행 중이라고 했다. 그래서 조금 아껴두었다 나중에 가려고 했던 리젠트 파크로 발걸음을 돌렸다. 처음 보는 런던의 거리를 걷고, 버스도 한 번 잘못 타고, 정류장에 내려서도 거리가 꽤 있어 열심히 걸어서 한 시간 만에 겨우 만났다.

처음 만난 리젠트 공원은 엄청났다. 엄청 컸다. 얼마나 크냐면, 공원 하나를 위해 지하철역이 따로 있었고, 공원 안에 대학이 있었다. 정말 엄청 컸다. 끊임없이 펼쳐진 초록, 잔디 위에서 펼쳐지는 축구 경기, 자유롭게 오가는 사람들. 이 공원이야말로 트라팔가 광장, 피커딜리 서커스보다 런던을 더 명확히 보여주는 장소라고 생각했다.

런던은 공원의 도시이다. 한 블록 건너마다 공원이 있다. 실제로 숙소 근처에도 가까운 공원이 두어 개가 된다. 공원은 한자로 '公園'이다. 우리나라 말로 풀면 모두를 위한 공간쯤이 될 것이다. 그러나 런던의 공원을 보니 '空園', 비어있는 공간에 더 가깝다는 느낌을 받았다.

자연을 소중히 여기기에 이만큼이나 많은 나무를 심고 많은 녹지를 가꿨을 것이다. 그러나 그 환경 보호의 의의보다 내게 더 크게 다가오는 것은 이렇게 그저 비어있는 공간을, 이만큼이나 크게, 그것도 대도시 한가운데에 마련할 수 있는 마음가짐이다.

공원은 찾아오는 사람들에 의해 축구 경기장이 되고, 요가 매트가 되고, 휴

식처가 된다. 그러나 생각해보면 본질은 그저 비어있는 공간이다. 어떤 용도로 활용할 수도 없고, 목적을 가지고 조성한 것도 아니다. 그저 비어있는 공간을 만든다는 것은, 그저 비어있는 시간을 허락하는 듯하다. 비어있는 시간, 비어 있는 마음. 때로는 어떤 용도를 위해서도 아니고 어떤 목적을 위해서도 아닌, 그저 흘려보낼 수 있는 시간. 그렇기에 나는 이것이 무척 인상적이고, 부럽다. 지금 여기서 시간을 보내고 있는 많은 런더너들도 나처럼 생각할까.

그리고 생각한다. 삶을 더 풍성하게 하려면, 시간과 사람들이 찾아오게 하려 면, 비워놓는 구석도 필요하다. 시간을 비우고, 마음을 비워두어야 한다. 물론 사람과 시절이 찾아들지 않는 비어있는 공간은 그저 공터가 된다. 그것은 나를 슬프게 하고, 공터를 마주하는 게 무서워 빈틈과 여유 없이 자꾸만 꾸역꾸역 채워 넣는 건지도 모르겠다. 그런데도 용기를 내야만 한다. 많은 이들이 찾아와 행복한 시간을 보내는 공원 같은 사람이 되고 싶고, 그런 구석을 만들어 놓고 싶으니까.

눈에 보이지 않는 것들에 대해

기행문을 쓰다 보면 자꾸만 현재 시제와 과거 시제가 얽힌다. 그것처럼 여행은 자꾸만 현재 위로 과거를 겹겹이 떠오르게 한다. 낯선 곳에서 문득 익숙한 곳이 불쑥불쑥 떠오르고, 두고 온 집과 사람, 그리고 그들이 주었던 순간들이 찾아온다.

나는 지금, 그리움에 대해서 생각하는 중이다.

그리움이 눈에 보이는 순간들이 있다. 하늘이 그렇다. 지금 내가 보고 있는 하늘을 너도 보고 있을 거라고 생각하면 괜스레 맘이 놓인다. 온종일 코를 박고 있고 싶은 냄새가 났던 카디건과 비슷한 옷을 발견할 때. 그 사람과 꼭 어울릴 것 같은 엽서를 고르고 기뻐할 때. 그리움이 선명히 보이는 순간들이다.

사랑이 눈에 보이는 순간들은 더 명확하다. 런던에서 만나는 수많은 가족이 그렇다. 부모와 꼭 닮은, 혹은 부모와 전혀 닮지 않은 아이의 손을 잡고, 유모차를 끌고 가는 순간들. 지하철에서 늙어버린 엄마가 자리에 앉으라고 하자 "난 원피스 구겨지는 거 싫어, 엄마 앉아"하고 적절한 핑계를 만드는 순간들.

결국, 세상은 눈에 보이지 않는 것들로 이루어져 있다. 그게 본질이다. 눈에 보이지 않지만 있다고 믿는 마음, 그게 본질이다.(나는 이런 사람이기에 친구들이 항상 사이비 종교 전도를 조심하라고 하지만 말이다)

글에 관하여

한 시간가량 머문 공원에서 벗어나 런던에서 가장 크고 아름답기로 유명한 서점을 들렀다. 과연 소문대로였다. 꼭 다락방 같기도 하면서, 조그만 응접실 같기도 하면서, 비밀의 방 같기도 했다. 일반 책들도 갖추고 있었지만, 이 서점의 자랑은 런던에서 가장 큰 여행 서점이라는 것이었다. 여행 서점답게 각 대륙과 국가별로 여행책이 정리되어 있었고 지도도 팔았다. 나름 여행기를 쓰러 런던에 온 것이기 때문에 이런저런 책들을 둘러보았다. 하나같이 근사하고 예뻤다. 내용도 알차고 독특했다. 그 책들을 보면서 약간의 자괴감을 느꼈다. 실은 런던에서 쓰는 글이 마음에 안 든다고, 엉망진창이라고 느끼던 참이었다. 따블라이프에 이른 '나'라는 사람에 관해 쓰는 것은 여간 어려운 일이 아니었다. 생각보다 나는 나 자신을 많이 몰랐고, 모르겠으며, 알게 된다고 해도 그걸 말로 표현하는 일이 무척 힘들었다. 그 과정은 내 안으로 들어가 온갖 것을 헤집는 것이기에 어쩔 수 없이 의식의 흐름 기법이 동원되었고, 글을 끝내고 나면 나도 뭘 썼는지 몰랐다.

그뿐만 아니라 보통의 나는 글을 쓸 때 퍽 우울해지는 편인데, 평상시 꼭꼭 숨기고 있던 자아들이 해방되기 때문이다. 그러나 런던에서의 글들은 여행이 주는 근본적인 새로움과 들뜸 덕에 꽤 밝은 편이었다. 그리고 내겐 그것이 그저 표면적이고, 덜 정교한, 흘러 지나가는, 그니까 한마디로 말하면 "구린" 글 같았다.

서점에서 세련되고 생기 넘치는 여행기들을 만나니 풀이 죽었다. 한국의 친구에게 이것을 토로하니 친구는 아주 간단하게, "나는 원래 여행지에서 쓰는 글은 당연히 더 거칠고 다른 분위기를 풍길 수밖에 없다고 생각해. 안 그럼 여

행을 왜 가니. 그냥 여기서 쓰지. 좋은 글이 나올 거야!"라고 톡을 보내왔다.

런던에 머물수록 더 절실히 느끼는 것은 나는 혼자 있는 걸 굉장히 잘 한다. 그러나 혼자인 나는 무척 위험하다. 'Fragile' 하다. 깨지기 쉽고 흔들리기 쉽고 극단으로 치우치기 쉽다. 쉽게 무기력해지고 쉽게 우울해진다. 내 사람들과의 대화로, 식사로, 커피 한 잔으로 나는 균형을 찾는다. 혼자 하는 여행은 나를 더 용감하게 만들면서 동시에 더 겸손하게 만든다!

열흘, 열한 번째 날 :
48시간과 런던
—

그런 기분을 느껴본 적 있을까? 온 세상이 나를 사랑하고 있다는 기분! 온 세상이 말이다! 나는 이번 생일에 완벽한 그 기분을 느꼈다. 온 세상이 나를 사랑하고 있고 그 사랑이 공기 중에 둥둥 떠다녀 나에게 돌진하는 기분 말이다. 생일, 오늘은 내 생일이다!

열흘째 날, 옥스퍼드와 코츠월드로

오늘은 런던 생활 최초로 차를 타는 날이었다! 옥스퍼드와 코츠월드는 차가 없으면 다니기 힘들다는 후기들을 들은 데다, 두 곳 다 다녀오려면 기차 푯값 역시 만만치가 않았다. 하지만 런던에만 머물기엔 아쉽다는 생각에 알아봐서 7인 차량 투어를 예약했다. 그리고 그것은 런던 여행을 준비하던 내가 가장 잘

한 일 중 하나였다.

　아침 일찍 일어나 만나기로 한 장소를 찾아가고, 차에 올랐다. 혼자였던 탓에 쑥스러움과 긴장감이 몰려와 몸이 뻣뻣해졌다. 한껏 굳어져 있는데 부산 사투리가 들려왔다. 고등학교 친구 둘끼리 여행 왔다는 직장인 언니들이었다. 언니들은 몇 살이냐, 혼자 왔냐, 용감하고 멋있다, 아침은 먹었냐 이것저것 다정하게 물어봐 왔다. 그러고선 빵과 라떼를 내밀었다. 타지에서 물밀듯 밀려오는 따뜻함에 멋쩍게 굴기도 잠깐, 나는 이내 신나져서 언니들과 이것저것 대화를 나누기 시작했다. 옥스퍼드로 가는 길이 무척 짧아졌다.

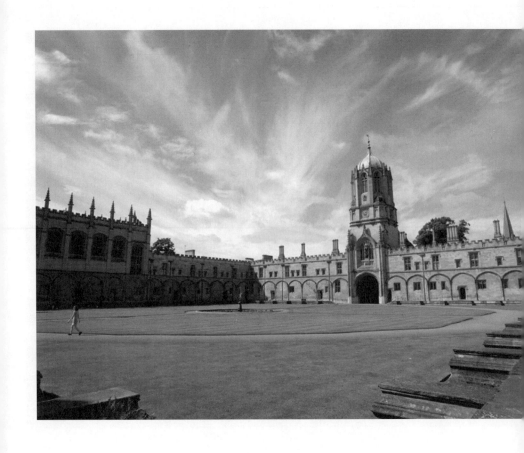

언니들과의 대화 덕에 꽤 빠르게 도착한 옥스퍼드는 말 그대로 대학 도시였다. 옥스퍼드 대학의 많은 컬리지들이 서로 경쟁하고, 협력하고, 공부하는 그런 도시였다. 해리포터 영화에서나 보던 크라이스트처치 컬리지를 구경하고, 노벨상이나 필즈상 수상자만 입학을 허가한다는 올소울즈 칼리지, 그리고 그들이 공부하는 보들레이언 도서관까지 보았다. 다른 곳에서 같은 나이 또래들의 삶을 엿보는 것은 무척 행운이라고 생각한다. 옥스퍼드 대학의 컬리지들을 보면서 나는, 이들은 무슨 생각을 할까, 무슨 꿈을 꿀까, 뭘 공부하고 뭘 대화할까. 나의 것과 비슷할까 아니면 조금 더 클까 아니면 말도 안 되게 시시하고 소박할까가 전부 궁금해졌다. 실제로 방학임에도 불구하고 안경을 낀 채 '옥스퍼드 촌뜨기 스타일'로 차려입은 학생들을 마주치기도 해서 더 반갑고 더 궁금해졌다. 그리고 느낀 것은, 나도 이런 대학에서 공부했으면 나니아 연대기나 해리포터를 썼을 거다. 그만큼 학교가 아름다웠고, 온 도시가 중세에 멈춘 것 같았고, 숲이 가까웠고, 영감 받을 만한 구석 천지였다.

옥스퍼드의 오랜 건물들에 혀를 내두르다 보니 코츠월드로 떠날 시간이 되었다. 그래도 나름 '도시' 같았던 옥스퍼드에 비교하면 코츠월드는 완전한 시골이었다. 코츠월드의 집들은 대부분 돌집이었는데, 그 지역의 돌이 그렇게 유명해서 옥스퍼드 대학 건물들도 다 코츠월드 돌로 지어졌다고 한다. 버튼온더워터에서 크림티를 마시고, 마을을 산책했다. 작게 흐르는 강가를 중심으로 그저 평화로운 풍경만이 가득했다. 마을은 작았고 그렇지만 충분했다.

바이버리는 버튼온더워터보다 더 작은 마을이었다. 그리고 마을 전체가 유네스코 세계문화유산으로 등재되어 있었다. 그도 그럴 것이 그곳엔 무려 300년이나 된 집이 있었다. 300년. 조선이 멸망하고 일제강점기가 끝나고 대한민국이 세워지고 2016년이 될 때까지 이 집은 조용히 자기 자리를 지켰다니. 보고 있자니 마음이 무척 이상해졌다. 영국에 있으면서 900년, 300년, 150년 된 건물들에 익숙해질 법도 한데 도통 그렇게 안 된다. 그 위로 어떤 시간이 쌓였을까 가늠하고 가늠한 뒤에 오는 경이로움은 멈출 수가 없다.

오늘의 이상한 작은 생각

크라이스트처치 칼리지 식당에 가니 헨리 8세의 초상화가 걸려 있었다. 문득, 그럼 지금 엘리자베스 여왕의 조상이 진짜 헨리 8세네? 라는 생각이 들었고

그 생각은 무척 소름 끼쳤다. 한 사람의 가계도, 한 사람의 선조들의 역사를 이
토록 많은 사람이 알고 있다니 말이다……! 왕족으로 태어난다는 것은 어떤 기
분일까?

오늘의 잇 아이템들
옥스퍼드 대학가의 서점은 어떤지 보려고 들어가 봤다. 무려 4층 정도로 이

루어져 있었고, 분야별로 잘 정리되어 있었으며, 곳곳에 왜, 누구에게 이 책을 추천하는지 이유들도 달려 있었다. 마치 도서관 같은 정갈한 서점이었다. 그러나 내 눈을 잡아 끈 건 서프라이즈 책 선물 코너였다. 각각의 책들은 포장되어 있고, 포장지 겉면에는 어떤 책인지 간단히 힌트가 적혀있다. 랜덤 책 선물……! 이런 선물을 만들어 놓다니 정말 사랑스럽고 두근거렸다. 이걸 선물하는 사람은 누구일지, 또 받는 사람은 누구일지, 어떤 책이 있을지 상상하게 되는 그런 선물! 나 자신에게 한 권 선물하려 했으나 이미 에코백 하나를 산 뒤라 마음을 접었다.

코츠월드의 기프트 샵에서도 랜덤 책 선물만큼이나 멋진 아이템들을 발견할 수 있었다. 그것은 지팡이! 호피 무늬, 꽃무늬 등 무늬를 다르게 하고 나아가 손잡이 부분의 모양도 제각각 다른 패셔너블한 지팡이들이 가득했다. 백발의 할아버지들이 서로에게 어울리는 지팡이를 찾느라 고민하는 것을 상상하니 그 역시 말도 안 되게 사랑스러웠다!

다시 런던으로

꿈같았던 옥스퍼드와 코츠월드 투어가 끝나고 런던으로 돌아왔다. 오늘도 변함없이 숙소로 일찍 들어가 글을 쓰려고 하던 찰나에, 언니들이 같이 쇼핑하고 저녁 먹자고 내게 제안해왔다. 안 그래도 오는 길에 사회인의 삶에 대해 이런 저런 얘기를 해준 언니들 말이 더 듣고 싶어 에라 모르겠다 하고 따라나섰다.

'언니'. 친언니가 없는 나는 언니들에 대한 로망이 어렸을 때부터 무척 컸다. 그리고 대학에 와서 그 로망을 충족시켜주는 좋은 언니들을 만났다. 언니들 덕

에 나는 사랑받고, 찡찡대고, 무럭무럭 자랐다. 런던에서 만난 언니들도 다르지 않았다. 생일인 걸 알고 보내주신 선물인 걸까? 언니들은 내 고민을 이해하고, 내가 가질 고민을 말해주고, 나를 토닥여주고, 보듬어주고, 다독여주었다. "동생!" 하며 사진도 열심히 찍어주었다. 점심에 이어 저녁까지 사준다고 하는 언니들에게 손사래를 치자, 키다리 아저씨들이 그랬던 것처럼 "너도 나중에 동생 만나면 사줘."라고 했다.

나도 '언니'가 될 수 있을까? 같은 고민을 했고, 하고 있고, 이해받고 공감받기 어려운 부분들을 어루만져주고, 닮고 싶고, 동시에 사랑스러운. 내가 아는 '언니'들. 나도 언니가 되고 싶다. 그 힘 있고도 특수한 단어, 언니 말이다!

언니들과 같이 있다는 것은 나에게 용기를 잔뜩 불어 넣어주었고, 처음으로 런던의 야경을 보기로 마음먹었다. 애초에 저녁을 먹고 나오자 이미 해가 져 있었고, 어둑어둑해진 거리 위로 상점들의 불빛이 켜졌다. 우리는 버스를 타고, 또 걸어서 런던의 야경을 만났다. 빅벤과 런던아이, 그 사이의 탬즈 강. 이렇게 완벽할 수가 있을까? 처음 만난 밤의 런던은 충격적 일만큼 아름다웠다. 빅벤은 '낮이밤이'였다. 낮에도 이쁘고 밤에도 이쁜. 어디 한 군데 빈틈을 안 보여주는 완벽한 아름다움, 완벽한 웅장함……! 우리는 노래를 듣고 춤을 추며 런던의 야경을 만났다. 런던에 와서 처음으로 모든 생각이 사라진 순간이었다. 한국에 남기고 온 많은 것들과 많은 사람, 글을 써야 한다는 생각, 혼자가 주었던 긴장감과 외로움까지 모두 잊었다. 그저 해방된 기분으로 런던을 만났다. 빅벤이 내 생일을 축하해주고 있는 것 같았다. 그리고 언니들은 내가 버스에 올라타는 것까지 지켜보고 헤어졌다.

밤. 밤이 있어야 한다는 것을 깨달았다. 낮만 있어서는 지금처럼 온갖 신경이 깨어나는 느낌도, 훨씬 뚜렷하게 뛰노는 감성도, 한껏 예민해진 느낌의 솜

털들도 누리지 못할 것이다. 낮이 있듯 밤이 있어야 하고, 잔잔한 순간이 있듯 파도가 있어야 하고, 기쁨이 있듯 슬픔이 있어야 하는. 우주와 삶을 둘러싼 균형적인 양가 관계가 너무 아름답게, 그리고 필연적으로 느껴졌다. 빅벤이 가지고 오는 깨달음이란!

  집으로 돌아가는 버스 안에서 나는 한국으로부터 날아 들어온 생일 축하 메시지들을 받았고, 그때 느꼈다. 온 세상이 나를 사랑해주고 있는 기분 말이다! 그렇게 내 생일이 시작되었다.

열한 번째 날 :
그리고 생일
—

아침에 눈을 뜨니 지난 밤 사랑받았던 기억이 꿈이 아니라는 듯 핸드폰에 여전히 축하 메시지가 날아들고 있었다. 우리 엄마가 더운 여름날 힘겹게 나를 낳은 보람이 있었다. 기쁜 마음으로 나갈 준비를 했다. 오늘은 그동안 주식이었던 햇반, 에너지바, Wasabi, 샌드위치에서 탈피하는 날이었다. 런던에서 가장 '힙'하다고 소문난 곳에 점심 예약을 해두었다. 발걸음이

　다소 긴장되면서도 들떴다.

　공간에 대하여

　들던 대로 어마어마한 공간이었다. 처음 보는 인테리어, 압도적인 공간 구성이 왜 그 비싼 돈을 주고도 이곳에서 밥을 먹으려고 하는지 이해가 되었다. 처

음으로 웨이터의 안내를 받아 보았고, 처음으로 빼주는 의자에 앉아 보았다. 게다가 준비된 물을 내 손으로 따르지도 않았다! 지나치게 부담스러웠다.

공간, 공간은 곧, 경험이 된다. 런던에 와서 이곳저곳을 다녀보며 공간에 관한 공부를 제대로 해보고 싶다고 생각하던 참이었다.

900년 정도 된 건물과 이곳의 알찬 미술관을 다니면서도 생각했고, 레드불 스튜디오와 Lush, 애플 스토어를 다녀오면서도 생각했다. 집 앞 버스 정류장 근처에 있던 레드불 스튜디오는 'From to do to done'이라는 매력적인 카피를 크게 선전하고 있었다. 한편으로는 아티스트를 초대하고, 파티를 여는 공간을 가지고 있었다. 냉장고에 온통 레드불도 두고 말이다. 코번트 가든의 애플 스토어는 실험실을 연상케 하는 깔끔하고 참여적인 공간 구성이 인상적이었다. 어젯밤 언니들과 찾은 Lush 런던 본점은 머리를 감겨주고, 작은 욕조를 마련해 끊임없이 제품을 체험할 수 있게 했다. 모든 샘플이 열려있고, 직원들은 끊임없이 안부를 묻고, 그 사람의 피부 상태를 확인했다. 곳곳에 'Look, Lush does music!' 이라는 문구와 함께 음악 CD를 갖춰놓은 것도 눈에 띄었다. 통일된 글씨체와 그를 활용한 그래피티까지. 그 공간에 들어갔다 나왔을 뿐인데 그 브랜드가 한 번에 오감으로 체험되었다.

오늘 방문한 Sketch도 마찬가지였다. 식당이었지만 동시에 갤러리였고, 직원들은 끊임없이 물으며 최고의 서비스를 제공했다. 서울에서 인테리어로 유명하다기에 방문했던 망원동 빙하의 별, 익선동 경양식 1920은 이곳을 레퍼런스로 삼아 인테리어를 진행한 듯했다. 음식을 먹으러 갔는데 눈이 호강했다. 게다가 화장실은 우주를 떠도는 캡슐같이 각각 칸이 떨어져 있었고, 화장실 소음을 막기 위해 안에서는 우주비행사의 음성을 틀어놓았다.

공간. 시각적인 것은 매우 피상적인 것처럼 보이나 때로는 전부이기도 하다.

아니 사실 때로가 아니라 대부분인 것 같다. 무엇을 담고 있냐도 중요하지만 어떻게 담을 것인가, 어디에 담을 것인가, 어떻게 포장할 것인가도 매우 중요한 요소이다. 생각을 예쁜 말로 옮기는 것이, 아이디어를 깔끔한 제안서에 옮기는 것이 그러하듯. 그동안 막연하게 들었던 생각을 확! 깨닫고 가는 런던이다.

왜 여행을 해야 하는가? 그리고 나는 왜 지상 최고 행운아인가?

　Sketch에서 식사하던 도중, 옆자리에 앉았던 손님들이 자신들의 사진을 찍어달라며 말을 걸어왔다. 그렇게 시작된 대화를 통해 나는 한국에서 왔고, 오늘 21번째 생일이며 (외국에선 만 나이로 계산하기에), 그걸 기념하고자 여기를 선택했다고 소개하게 되었다. 그리고 그걸 들은 종업원이 'Happy Birthday'라고 초콜릿 장식이 된 케이크를 가져다주었고, 다들 지나가면서 내게 생일 축하한다고 말해주었다. 아, 또 온 세상이 나를 사랑하고 있었다. 입안 가득 음식을 넣고 흉하게 웃지 않기 위해 노력했지만, 자꾸 웃음이 새어 나왔다. 그리고 생각했다. 나는 스물하나였다! 너무 어렸다! 그 사실이 희망적으로 다가오면서 동시에 절실히 감사해졌다. 이런 곳에서 스물한 번째 생일 식사를 하다니 말이다.

　어제 옥스퍼드에서 가서 느꼈던 것은, 나는 평생 유학이라는 것은 생각도 안 해볼 줄 알았다. 그런데 이런 곳에서 공부하면 어떨까, 외국에서 공부하는 느낌은 어떨까, 어떤 장점이 있을까, 하고 막연히 생각이라도 해보게 되었다. 코츠월드에 가서 느꼈던 것은, 나는 노년이라 해도 시골에서 보내는 노후는 맞지 않는다고 생각해왔던 사람인데, 시골에서 보낼 수도 있겠다고 생각했다. 이런 시골이라면 말이다!

여행은 이렇게 자꾸만 생각 가능한 세계를 넓힌다. 꿈꿀 수 있는 범위를 넓히고, 삶의 선택지를 늘린다. 그리고 감사한 것은 나는 이제 스물하나, 스물둘이라는 사실이다! 이 늘어난 선택지 중 하나를 체크해버릴 수도 있고, 더 넓은 세계로 가서 살 수도 있다. 이래서 다들 떠나보라고 하는 건가 보다. 돌아온다 하더라도 이런 기억들을 가진 채로 살아간다는 것은 말도 안 되는 축복이다.

나는 아직 어렸다. 내 인생의 반 이상이 결정되었다고 생각했는데 전혀 그렇지 않았다. 이토록 어린 나이에 이곳에 와서, 이런 것들을 보고, 이런 경험을 할 수 있다는 사실이 너무 기쁘고 감사하고 행복했다. 얼마만큼 행복했냐면, 행복 총량의 법칙에 따라 내가 이렇게 행복한 만큼 지구 위 다른 누군가는 불행하지 않을까 걱정이 될 정도였다. 혹은 과거의 내가 이 정도로 불행했기에 지금의 내가 이 정도로 행복한가 생각할 정도였다. 너무 기쁘고 행복해서 불안할 지경이었다. 그래서 "너의 가장 큰 단점은 네가 행복해도 되는 사람인 걸 모른다는 거야"라고 했던 친구의 말을 자꾸 곱씹었다.

Forget about it과 도서관

Sketch의 찻잔 밑바닥엔 'Forget about it'이 적혀 있었다. 그래서일까, 차 한 모금과 함께 지금껏 살아온 삶이 쭉 내려가는 기분이었다. 스물두 번째 생일이었다. 참 많이 산 것 같은데 참 어리고, 여기까지 엄청 오래 걸렸는데 돌아보니 금방이었다. 말도 안 되는 곳에서 말도 안 되는 행복을 누리며 생일을 보내자니 많은 생각이 오갔다. 느긋느긋하게 분에 넘치는 축하를 받으며 떠나기 아쉬운 발걸음을 옮겼다.

밥을 먹고는 런던 도서관에 갔다. 생일에는 가장 좋아하는 책이 잔뜩 있는 곳을 가고 싶었기 때문이다. 정확한 명칭은 'British Library'였다. 인상적이었던 것은 섹스 피스톨즈 전과 셰익스피어 전이 동시에 진행되고 있다는 것이었다. 회원이 아니어서 들어갈 순 없었지만, 얼핏 봐도 거대한 열람실을 구경하고, 맥 북과 씨름하고 종이 위에 빽빽이 무언가를 적어 내려가며 열심히 공부하고 일하는 이들을 구경했다. 그 치열함 속에서 느긋함을 태웠다. 나는 엽서를 쓰고 글을 썼다.

도서관에서 나와서는 지하철로 30분이면 갈 숙소를 한 시간 반 걸려 버스를 타고 갔다. 친절한 버스 기사 아저씨의 윙크도 받고, 아기가 나를 쳐다보자 "아가씨가 예뻐서 그래요." 라고 말하는 상냥한 엄마도 만나고, 풍경을 보며 넋 놓고 있는 나를 보며 괜찮냐고 물어봐 주는 런더너도 만나며 숙소로 돌아갔다.

자꾸 물었다. "이렇게 행복해도 되나? 정말 내가 그럴 자격이 있는 사람일까?" 이렇게 말도 안 되는 생일이, 이틀에나 걸쳐, 8000km라는 시간을 달려, 그렇게 끝나가고 있었다.

열두 번째와 열세 번째 밤 :
두 번째 48시간과 런던
—

　열두 번째 아침이 밝았다. 오늘은 뮤지컬 라이언 킹을 보기로 한 날이었다. 옥스퍼드+코츠월드 투어에서 만난 언니들은 원래 친구 셋이 오기로 했었는데 한 명이 취직하게 되어 연수 일정으로 못 오게 되었다고 한다. 아주 좋은 자리의 뮤지컬 티켓을 예매했는데, 취소도 안 해주고 되팔리지도 않았다며 한 자리 남았으니 내게 같이 보자고 제안해왔다. 원래 딱 그 날, 그 시간대에 The book of Mormon을 예매해두었으나 일정을 바꾸었다.

　언니들을 만나 라이언 킹을 보기 전 조금 일찍 하루를 시작해 레든 홀 마켓에 들렀다. 해리포터의 영화 촬영 장소이기도 했고, 엄청 유서 깊은 마켓이라고 해서 런던에 머무는 동안 꼭 방문하고 싶던 곳이었다. 숙소에서 버스로 한 번에 갈 수 있는 거리에 있어서 쉽게 찾아갈 수 있었다.

높은 아치형 돔과 붉은 상점들을 가지고 있는 레든 홀 마켓은 마켓이라기보다 아케이드, 몰의 형태에 가까웠다. 프랜차이즈들도 일정하게 레든 홀 마켓의 양식에 맞게 디자인되어 입점해 있었다. 그저 그 예쁜 모습을 눈에 담고, 이곳저곳 다양한 상점들을 구경했다. 'Flying Tiger'라는 프랜차이즈 잡화점이 인상적이었는데, 예쁘고 다양한 색감의 디자인이 일상 잡화에 고스란히 담겨있는데 가격까지 저렴해서 이토록 세련되고 재치 있는 물건을 어떻게 이 가격에 제공할 수 있는 건지 궁금했다. 또 레든 홀 마켓의 서점에도 들렀다. 2층 정도의 커다란 규모에 분야별로 잘 정리된 책과 매력적인 디스플레이가 나를 반겼다. 런던에서는 실망스러운 서점을 만나기가 더 어려운 듯했다. 이번엔 여행책 분야에서 한국을 찾았다. 맨 밑 칸에 세 권 정도가 쪼르르 놓여 있었다. 서울 맛집으로 북촌 손만두 프랜차이즈를 소개하고 있어 조금 당황스러웠지만 신기했다. 여행 책 말고도 제목을 보고 흥미로워 보이는 책들을 열었다 닫았다 하며 만족스러운 서점 탐방을 마쳤다. 그리고 EAT에 가서 아점을 해결했다. 레든 홀 마켓 근방에 회사가 많아 직장인들이 줄줄이 쏟아져 나오고 있었다. 아점을 해결하고 나오자 '비빔밥 to go' 식당이 있었다. 한국 음식을 못 먹은 지 12일 정도 되니 슬슬 생각이 나던 참이었는데 저 식당을 먼저 발견하지 못해 아쉬웠다. 많은 런더너들이 비빔밥으로 점심을 해결하고 있었다. 한국식 라멘, 소바, 팟타이 등이 현지의 그것과 맛이 다르듯 이곳의 비빔밥도 런던식이 되었을까 궁금했다.

비빔밥을 못 먹은 아쉬움을 달랠 겸 서점 앞에서 봐두었던 카페로 향했다. 'The coffee project'였는데 딱 봐도 커피 장인의 향기가 났다. 작은 규모의 카페에 꽉 들어찬 사람들과 그 뒤로 큼지막한 원두 기계들이 그를 말해주고 있었다. 가게 안으로 들어서자 실망하게 하지 않는 향기가 났다. 그리고 으레 사람이 모이는 작은 곳들이 그러하듯 특유의 온기가 흘러나오고 있었다. 플랫화이트를 주문하고 잠시 그 향기와 온기를 누렸다. 런던에 와서는 커피를 마시면 무조건 플랫화이트이다. 우리나라에서는 아직 커피 꽤 한다는 카페에서나 정식 메뉴로 찾아볼 수 있는, 낯선 메뉴인데 이곳에서는 유명한 카페 체인인 스타벅스나 코스타 커피를 가도 플랫화이트를 쉽게 찾아볼 수 있다. 플랫화이트는 라테 종류인데, 에스프레소 샷을 두 번 붓기에 더 진하다. 그리고 우유뿐 아니라 우유 거품까지 들어가는 것이 특징이다. 잘 모르겠으나 런더너들은 플랫화이트를 무척 사랑하는 모양이었고, 나 역시 이곳의 플랫화이트와 사랑에 빠졌다. 첫맛은 부드러우면서 끝 맛이 훨씬 쓰고 깊다. 몇 모금에도 금세 따뜻해져서 런던의 찬 바람을 나기에도 적합하다.

다시 만난 라이언 킹

플랫화이트로부터 빌린 온기를 잔뜩 머금고 극장으로 향했다. 런던에 햇살이 켜졌다. 이놈의 날씨 스위치는 하루에도 수백 번이 바뀌어서 레든 홀 마켓에 있을 때는 비도 몇 방울 내리고 바람이 차서 가디건을 입어도 춥더니, 지하철역에서 나오자 햇살만 쨍쨍했다. 비가 켜졌다 꺼졌다, 햇살이 켜졌다 꺼졌다, 참으로 변덕스럽기 짝이 없었다. 가디건을 벗어 허리에 묶고 또 언제 꺼질지 모를 햇살을 즐겼다. 멀리서부터 라이언 킹 플래그가 휘날리고 있었다. 언니들을 만나 반갑게 인사를 하고, 표를 받고, 두근거리는 마음으로 입장했다.

라이언 킹은 내가 태어나서 처음 본 뮤지컬이었다. 아마 초등학교 고학년쯤이었던 것 같다. 그 세세한 장면은 기억이 안 나지만 심바 아역을 연기했던 남자아이의 모습, 극장 속의 나, 그리고 그 날 우리 집 아파트 주차장의 모습이 생생하다. 아마 어린 나에게 매우 충격적이었을 것이다. 무대, 연기, 공간, 그 모든 것들이 처음이었으니까. 처음은 언제나 압도적이기 마련이다. 그리고 나는 스물두 살이 되었고, 예상치 못했지만, 런던에서 라이언 킹을 본다. 여전히 압도적이었다. 도대체 어떻게 구현했을지 모르겠는 무대 연출, 배우들의 생생한 몸짓과 목소리, 연기와 노래. 그리고 나와 똑같이 압도된 런던의 관객들. 첫 장면부터 눈물이 줄줄 흘렸을 만큼 라이언 킹은 내게 여전히 거대했다.

어렸을 때는 몰랐는데 지금 보니 라이언 킹은 무척 심오한 주제를 담고 있었다. 심바는 자꾸 과거로부터 도망친다. 과거는 자신을 자책하게 하고, 두렵게 하고, 상처받게 한다. 그래서 도망친다. '하쿠나 마타타!'하고. 그러나 자신이 가야 할 길이 있음을, 과거로부터 도망쳐서는 안 된다는 것을 깨닫고 생각과 고민을 하기 시작한다.

도망, 도피는 나쁜 것이라고 줄곧 생각해왔다. 그러다가 힘들 때 도망치는 게 왜 나빠? 그게 나쁜 거야? 라고 생각하게 되었다. 그러다가 도망도 할 수 있는 사람의 여유에 불과하다는 것을 깨달았다. 영원한 도피는 없다는 것은 더 절실하게 깨달았다.

도망쳐도 되는 순간은 언제일까?
도망쳐야 하는 순간은 언제일까?
도망치지 말아야 하는 것은?
똑바로 직면해야 하는 것은?
다시 돌아와야 하는 것은?

참으로 어려운 질문들이다. 나는 현명하게 도망치고, 또 도망치지 않을 수 있을까.

오늘 런던은 1 : 탬즈 강

라이언 킹을 보고 나와 우리는 강변을 걷고, 타워브릿지 근처의 식당에서 저녁을 먹기로 했다. 언니들은 또 저녁을 사주었고, 그것으로 모자라 펍에 데리고 가 달달한 음료수 같은 알코올까지 선사했다. 타워브릿지를 배경으로 서서 서로 사진도 찍고, 맛있는 음식도 먹으며 우리는 서로에 관해 이야기하고 삶에 관해 이야기했다.

오늘 런던은 내게 그토록 찾고 싶었던 답을 툭툭 건네주는 듯했다. 내가 어떤 사람인지, 어떻게 살아야 하는지 알고 싶어!라는 내 질문에 대한 답.

나는 오늘 라이언 킹을 볼 줄 몰랐다. 아마 어린 나도 훗날 이걸 다른 나라에서 다른 언어로 다시 보게 될 줄은 꿈에도 몰랐을 것이다. 우연히 신청한 투어에서 우연히 언니들을 만나 우연히 라이언 킹을 보았다. 시간은 나를 어디로 데려갈지 모른다.

어린 나와 지금의 나는 다르고, 앞으로도 또 달라질 것이다. 언니 중 한 명은 말했다. 지금도 언니로서의 내가 다르고, 동생으로서의 내가 다르듯이, 팀장님 앞에서의 내가 다르고, 엄마 앞에서의 내가 다르다고. 무수히 많은 내가 있다고. 우리는 그저 수많은 나를 무한한 상황에 맞추어 즐기고, 이겨내고, 누리면 된다. 나를 알고 발견하는 작업은 평생 가도 완성하지 못할 것이다. 내가 매 순간 변하기에.

시끄러운 펍 안에서 다른 사람들은 어떤 얘기를 하고 있을까. 저 런던 사람들도 우리와 별다를 것 없는 고민을 나누고 걱정을 하고 이야기를 하고 있을

것이다. 이토록 시끄러운 불빛들을 뒤로 한 채 템즈 강은 야속하게 혼자서만 유유히 흘러간다.

그저 저 강처럼 시간은 야속하게도 나를 데리고 빠르게 흘러갈 것이다. 치열하게 고민하고 발견하려고 애를 쓰다 보면 어렴풋이 감이 잡히고, 그러다 보면 또 어딘가에 닿아있을 것이다. 무작정 시간의 손에 끌려가지 않게, 정신 차리기 위해 나는 어렵다 해도 계속 생각해야 한다. 발견해야 하고.

오늘의 런던은 참으로 낭만적이고 동시에 교훈적이다.

오늘의 런던은 2 : 소매치기

언니들과 두런두런 얘기하다 보니 어느덧 자정이 다 되어있었다. 언니들은 저번처럼 버스 정류장에서 내가 버스 타는 것을 보고 가겠다고 했고, 우리는 길을 나섰다. 내가 앞장서서 버스 정류장을 찾으며 걸어가던 참이었다. 오토바이 한 대가 내 옆으로 재빠르게 지나갔다. 그리고 뒤에서 언니의 비명이 들렸다. 순식간이었다. 어떤 게 먼저고 나중인지도 모르겠는, 무슨 일이 벌어진 것인지 감이 안 잡히는.

뒤돌아보니 언니가 주저앉아 울고 있었고 다른 언니는 오토바이가 사라진 곳을 멍하니 바라보고 있었다. 2인조 오토바이 소매치기였다. 그들이 언니의 핸드폰을 들고 도망친 것이다. 언니는 런던에서의 일주일이 담긴 사진을 백업해놓지 못했다며, 그 모든 추억이 날아갔다며 울었다.

나는 장기간 여행을 할 때마다 다이어리를 챙기지 않는다. 대신 임시 노트를 사서 그곳에 기록한다. 다른 것은 다 괜찮아도 다이어리를 잃어버리는 것은, 그것은 다시 돌이킬 수도 없고 돈으로도 해결할 수 없기 때문이다. 그 마음이 무엇인지 알기에 화가 났다. 그리고 곧 무서워졌다. 만약 저 오토바이가 단순히 소매치기가 아니었다면, 혹시라도 묻지마 범죄자나 마음먹고 해코지할 사람이었다면, 핸드폰이 아니라 언니가 다쳤다면. 난생처음 겪어보는 일에 무섭고, 몸이 부들부들 떨려왔다. 나를 바래다주는 길에 생긴 일이기에 미안해지기도 하고, 정말 인간이 동시에 이렇게 많은 생각을 할 수 있다는 것을 알게 되었다.

언니들의 숙소에 비교해 내 숙소가 한참 가까워서 우선 내 숙소로 와 상황을 추슬렀다. 당장 어떤 것들을 해야 하는지, 사진을 받는 방법은 없는지, 대책을 마련하고 계속해서 떠는 몸을 추스른 후 언니들은 돌아갔다.

언니들이 돌아가고 혼자 남겨지자 무서운 생각은 더 계속되었다. 내일부터 귀국까지 일주일이나 남았는데 어떻게 돌아다닐지, 혹시 무슨 일이 생기면 어떻게 해야 할지, 몸과 손이 계속 떨려오고 아까의 기억이 자꾸만 스쳐 갔다. 분명히 오늘 밤만 해도 서울로 돌아가기 싫고, 런던에 머무르는 날이 짧아져 간다는 게 슬프기만 했는데 말이다. 조금 안정을 찾고 나니 한 시간이 훌쩍 지나 있었다. 언니들이 숙소에 무사히 도착했으니 걱정하지 말라는 연락을 해왔고 나는 그제야 잠이 들었다.

오늘의 런던은 3 : 그럼에도 불구하고

아침은 새벽을 치유한다. 그 진리가 오늘도 적용된다는 사실이 감사했다.

어제 새벽 세 시 반이 되어서야 잠이 들었고, 눈을 떠보니 열한 시 반이었다. 이미 오전이 다 지나있었다. 긴장이 풀린 탓인지 골반, 다리, 무릎, 어깨, 허리, 온 관절마다 아프지 않은 곳이 없었다. 오늘은 도저히 나갈 힘이 안 나는 날이다, 재빠르게 판단하고 오늘의 일정을 단념했다. 씻지도 않은 상태로 햇반 하나를 데워먹으니 슬슬 객관적으로 상황이 보이기 시작했다. 크게 생각할 것이 아니고, 여행 중 한 번쯤은 겪어볼 수 있는 일이다. 아무도 다치지 않은 것에 감사해야 한다. 앞으로 남은 일주일을 무사히 보내고 한국으로 돌아갈 것이라는 액땜이다. 다른 경험담과 비교했을 때 내가 경험한 것은 약과다.

어제 마침 그런 생각이 들던 참이었다. 이제 슬슬 어두운 부분이 보인다고. 이전에는 그저 예쁘고 화려한 건물들과 풍경, 센스 있고 멋진 런더너, 세련된 도시의 아름다움이 더 커 보였다면. 어제 버스를 타고 레든홀 마켓을 갈 때는 앳된 얼굴로 막노동을 하고 있던 소년, 바람이 차게 부는 시내 한복판에서 샐러드로 끼니를 때우던 아저씨, 'text to Bangladeshi, only 40 pound'라고 쓰인 간판. 도시의 어둡고 추운 부분들. 그런 것들이 더 크게 다가왔다.

소매치기 사건이 없었다면 내 런던 생활은 그렇게 끝났을 것이다. 좋은 것을 보고, 경험하고, 말도 안 되는, 난생처음 보는 풍경들을 보았던 그저 완벽히 행복했던 순간들. 저녁 식사와 책을 선물해주고 앞서 걸었던 삶에 대해 말해주는 좋은 언니들을 만난, 선물 같은 인연을 얻었던 시간.

그러나 언니가 소매치기를 당하면서 나는 난생처음 겪는 두려움을 느꼈다. 안전한 곳에서 떠나 낯선 곳에 혼자 있다는 것이 얼마나 큰일인지, 애써 생각하지 않던 생각들을 다시 떠올렸다. 혼자 하는 여행이라는 것이 일종의 "유행"이 된 세상이지만 언제나 조심해야 하는 일이란 것을, 타지는 언제까지나 명백한 타지라는 것을!

그럼에도 불구하고 나는 다시 떠날 것이다. 나는 런던으로 와서 지내면서 용감해졌고 어제를 계기로 더 '진짜로 용감' 해졌다. 용기라는 것은 어떤 두려움이 있는지 알면서도 행하는 것이니까. 런던을 떠나면서 가졌던 목표는 컴포트 존 탈출 및 꾸역꾸역 그냥 살지 않고 생각하기'였다. 두 번째 목표에만 집중하다 보니 첫 번째 목표, 개복치 라이프 탈출, 컴포트 존을 벗어나야 한다는 것을 잊고 있었다. 물론 런던 살이를 한다는 것 자체가 이미 안전지대를 탈출하고 있는 것이었지만 어제를 계기로 정말로 나는 예전의 나와 지금의 내가 다르다는 것을 깨달았다.

그럼에도 불구하고. 나는 이 말이 진실성을 입증하는 데 가장 적합한 말이라고 생각한다. 낮만이 존재하는 하루는 진짜 하루가 아니다. 최고의 순간만 맛보는 것은 진짜 사랑이 아니다. 춥고, 시리고, 못났고, 무섭고, 별로인 것을 알지만 그럼에도 불구하고.

그럼에도 불구하고 나는 런던이 좋고, 그래서 그럼에도 불구하고 나는 다시 떠날 것이다! 내가 느끼고 배운 것들에 비해 무서움은 점처럼 아주 작아졌으니까.

런던의 히키코모리가 발견한 실질적인 것들

이 밤이 지나면 이곳에 있을 날이 채 일주일도 남지 않았다. 여행이 절정에 다다를 무렵에 나는 온종일 바깥에 나가지 않기로 결심한 것이다.

사실 나는 원래 이런 시간을 가져야만 하는 사람이다. 거의 도피에 가까운 휴식을. 단 하루라도 지금 내가 몰입하고 있는 것들에서 병적으로 벗어나는 시간. 그럴 때는 몸과 머리를 하나도 쓰지 않아야 한다. 사람도 안 만나고, 연락도 안 받고, 바깥에도 안 나간다. 육체적으로나 정신적으로나 온전히 고독인, 진공 상태인 히키코모리의 날이 있어야 살 수 있다.

히키코모리가 된 나는 나의 체력과 정신력, 직업과 연봉, 고양이와 노후, 어려운 목표와 붉은 머리칼과 염색의 상관관계, 취향에 대해 생각한다.

런던의 히키코모리는 이렇게 전혀 관련 없는 생각들을 마무리 지으며 하루를 끝낸다.

2주일과 나와 런던 :
늦어도 밝은 런던의 저녁 일곱 시
—

벌써 런던의 세 번째 금요일이다. 믿기지 않는다. 어제 잔뜩 게으름을 피웠기에 일찍 집을 나섰다. 오늘의 최고 기온은 26도. 근 며칠간 가장 따뜻하고 가장 밝은 날이다. 아점을 해결하기 위해 점찍어두었던 '힙'한 카페로 나섰다. 카페 The Attendant는 화장실을 모티브로 삼아 인테리어해서 유명하다고 한다. 실제로 그 근방은 카페 거리인 듯했다. 젊은이들이 잔뜩 금요일 점심을 나고 있었다.

열심히 길을 따라 걷자 카페로 들어가는 지하 입구가 보였다. 입구마저도 사랑스러워! 두꺼운 샌드위치, 작은 브라우니, 라테 한 잔을 두둑이 시키니 10파운드가량이 나왔다. 샌드위치 양이 몹시 많고 전부 맛있어서 합리적인 가격이란 생각이 들었다. 지하철에서 한참 열중해서 읽던 해리포터 마지막 권을 마저 읽기 시작했다(아껴 읽으려고 했지만 결국 참지 못했다). 분위기 좋은 카페와 맛있는 아점과 해리포터. 완벽한 런던의 금요일 오전이 흘러가고 있었다.

카페

나는 카페를 좋아하는 편이다. 카페는 마치 작은 공원 같다. 저마다의 이유로 카페를 찾는다. 누군가는 공부하고, 누군가는 책을 읽고, 누군가는 수다를 떨고, 누군가는 끼니를 해결한다. 저마다의 삶과 이야기가 커피 한 잔에 얽히는 그 공간과 경험이 좋다. 카페에서 커피를 사는 순간 공간에 대한 갈망이 충족된다. 집에 있어도 집에 가고 싶다는 요즘, 내게 나만의 온전하고도 자유로운 공간을 준다. 언젠가는 각 도시의 카페 탐방을 하고 싶다. 카페 여행기! 아주 재밌고 흥미로운 작업이 될 것 같다.

세르펜틴 갤러리

든든히 배를 채운 후 가고 싶었던 갤러리로 향했다. 세르펜틴 갤러리는 런던의 하이드 파크 안에 있는 갤러리다. 매해 여름 공원 안에 건축물을 조성하고 있어 공원을 무료 갤러리로 만든다. 실제 갤러리까지 무료여서 런던에 있는 동안 꼭 한번 가보고 싶었던 곳이다. 공원 속 조형물과 유명한 파빌리온 카페를 보며 감탄하고, 갤러리를 보고 또 감탄했다. 조형물과 파빌리온을 보며 건축가들이 정말 대단한 것 같다고 다시 한번 생각했다. 런던에 있는 동안 기본 300년 된 건물들을 보며 내내 한 생각이긴 했지만 말이다. 내 방 구조 하나도 잘 모르겠는데 어떻게 저렇게 커다란 것을 머릿속에서 구현하고, 실제로 만들 수 있는지. 게다가 유기적으로 작은 부분들까지 맞물려가는 게 참으로 신기하다.

갤러리 내에서는 작가 두 명의 전시가 진행 중이었다. 두 사람 모두 회화가 주요 작품이었다. 거대한 스케일이 아니고서는 회화 자체로부터 뭔가를 잘 느끼는 편이 아닌데, 두 사람의 작품은 자꾸만 보고 있고 싶었다.

한 작가의 작품은 그림을 가만히 들여다보고 있으면 그가 어디쯤 서 있었을지, 무엇을 보고 이 그림을 그렸을지 상상이 되었다. 반딧불이가 뛰어놀 것만 같은 숲, 무척 춥고 어둡고 혼자인 새벽과 같은 것들이 느껴졌다.

다른 작가의 작품은 무척 독특했다. 그녀의 영상 작업을 보니 일관되지 않은 시점, 계속해서 끊기고 무차별적으로 다가오는 장면들, 혼란스러운 소리까지. 그 영상 작업을 보고 그녀의 작업을 보니 이토록 바쁘고 정신없는 세상을 겨우 잡고, 그것을 색깔로 담아내는 그 모든 과정이 얼마나 오랜 시간이 필요한 것인지, 힘들었을 지 느껴졌다.

그들은 색깔로 자신에게 오는 모든 복잡한 것들을 단순화시켰고, 누군가는 사진으로, 누군가는 문장으로, 또 누군가는 사람들과의 대화로 단순화시키고 있다. 다들 그렇게 저마다의 복잡한 세상을 저마다의 방식으로 소화하며 살아가고 있다.

갤러리에서의 생각 : 역사학도

회화 작품은 다들 멀거니 서서 전체를 보기 마련인데, 나는 도통 그러지를 못하겠다. 심지어 멀리서 봐야 한다는 작품을 볼 때도 엄청 가까이에서 봐서 다른 이들의 감상을 방해하기도 했다. 유화의 경우에는 한 올 한 올 덧대어져서 뭉쳐진 그 기름의 흔적들이 좋다. 수채화인 경우는 물결이 지나간 흔적들을 쫓는 게 좋다. 캔버스이건 세라믹이건 그 바탕 위로 덧대어진 물감과 손길들의 질감을 따라가다 보면 수백 번 붓을 휘두르며 작가가 무슨 생각을 했을지, 이렇게 멋진 작품이 나올지 가늠이나 했을지, 그런 추측을 하는 과정이 즐겁다.

역사학도이지만 나는 퍽 역사에 소질이 없는 사람이다. 교수님들은 항상 큰 그림을 봐라, 시대와 연관 지어 생각할 때 의미 있는 결과가 나온다고 하시지만 나는 그보다는 훨씬 작은 것들에 관심이 있다. 그냥 그 왕이 슬펐는지 기뻤는지, 그 마을의 아무개는 어떻게 살았는지, 이런 것들 말이다. 성당을 봐도 이 성당이 어떤 일들을 겪었고 어떤 왕조 밑에서 자랐을지보단 이곳의 사제는 누구였고 어떤 하루를 보냈을지, 어떤 찬송가가 유행이었을 지가 더 궁금하다. 멀거니 보는 것보단 가까이서 들여다보는 것, 숲보다는 나무 한 그루를 완벽히 묘사하는 게 자신이 있다.

또 사료에 따라 무척 엄밀해야 하고 논리적이어야 하는 학문인 역사와 맞지 않게 나는 매우 직관적인 편이다. 그리고 내 직관이 가장 큰 장점이라고 생각하고, 나는 내 직관을 굉장히 신뢰한다.

이처럼 역사학도로서 영 꽝인, 사실 모든 학문에 꽝인 성질을 갖고 있으나 그래서 역사 공부를 하길 잘 했다는 생각이 든다. 아마 나에게 꼭 맞는 미시적이고 직관적인 성질이 필요한 공부를 했다면, 이런 성질을 가진 부류의 인간인지도 몰랐을 것이고, 장단점을 파악하기도 어려웠을 것이다. 균형을 맞추기도 어려웠을 것이고.

그리고 오늘도 역사학도로선 영 꽝이라는 것을 깨닫고 말았다!

또다시 공원

갤러리에서 나와 공원 한편에 자리 잡고 앉았다. 비둘기마저 잔디에 납작하게 몸을 깔고 햇살을 누리고 있다. 강에서는 사람들이 요트를 탄다. 돗자리를 깔고 저마다의 초록색을 누린다. 나도 해리포터를 읽고, 글을 쓰고, 사람들을

구경한다. 아마 이곳이 제일 그리울 것 같다. 정말로 런던을 떠나고 나면 이 공원들이 제일 그리울 것이다. 오고, 머무르고, 떠나는 데에 아무 제약도 없는.

화랑 그리고 카페

너무 일찍 하루를 시작한 탓인지 제법 많은 일을 했는데도 해가 중천에 떠 있었다. 오늘같이 날씨가 완벽한 런던이 얼마나 소중한지 알기에 바삐 움직였다. 보고 싶은 작품을 가진 화랑에 들러 작품 네 점을 구경하고, 공원에서 읽다

만 해리포터가 또 궁금해서 결국 카페에 들어가 한 시간을 보냈다. 런던에서 읽는 해리포터라 그런지 더 몰입도 잘 되고, 책 속 세계에 흠뻑 빠져 있다 나왔다. 하루를 더욱더 더 알차게 보내고 싶은 마음에 금요일만 8시 반까지 문을 여는 대영박물관으로 향했다.

대영박물관에서의 발견 : 어쩔 수 없이 역사학도

꽤 아껴두었던 카드를 사용한 기분이었다. 대영박물관! 크기는 예상했던 것보다, 예상했을 때도 어마어마했는데, 훨씬 컸다.

첫 번째로 들었던 생각은 정말 '대영제국'이긴 했구나. 많이도 약탈했네. 두 번째로 들었던 생각은, 그래도 이 많은 유적을 없애지 않고 마구잡이로 폭탄을 투하하지도 않고 보관하기로 했네, 비록 그 의도가 처음부터 선량하진 않았다 해도 말이다. 세 번째로 든 생각은, 세상에는 참 문명도 많고 사람 사는 곳도 많았고 많구나.

꼬박 세 시간을 보냈는데 제대로 보고 나온 관이 한 군데도 없었다. 하루에 한 관씩 보겠다고 마음먹어야 두 달에 걸쳐 꼼꼼히 소화할 수 있을 것 같았다. 만물박사가 되고 싶은 아가들이 매일 매일 이곳을 방문한다면 자라서 걸어 다니는 세계 백과사전이 될 것 같다고 생각했다. 그리고 학자와 연구자들에게는 천국 같은 공간일 것이라는 생각이 들었다. 정말 압도적인 컬렉션……

이집트관과 메소포타미아관을 보고 있자니 온갖 생각이 다 들었다. 3000년 전이다. 기원전에 저렇게 거대한 건축물을 세우고, 각기 다른 언어를 쓰는 사람들을 위해 여러 나라말로 안내판을 세우고, 삶과 죽음에 대해 생각하고 죽음을 준비했다.

기원전, 단어만 들어도 아득해지는 그 시간에, 감조차 오지 않는 그 시간에 말이다. 그때 만들어진 유물들이, 강화 유리 하나 없이 서 있단 말이다. 그것도 한두 개도 아니고, 천장을 뚫을 듯이 몇 개가 서 있는데, 그곳을 21세기 사람들이 아무렇지 않게 지나다니고 만지고 사진을 찍는다. 이 모든 사실을 받아들이는 것은 무척 힘든 일이었다.

고대 그리스 조각 속 켄타우로스를 보고 있자니 너무나도 실제 같고 정교해서 저 당시 켄타우로스가 실제로 존재했는데 멸종된 것일 수도 있다는 생각을 했다. 그리고 고대 문명이 지금처럼 거대하게 존재했고, 온 지구 사람들이 지금처럼 연결되어 있었는데 외계인에 의해 침략당했을 거라는 확신을 하게 되었다. 그렇지 않고서야 이 거대한 유물들이 설명되지 않았다. 그리고 기원전의 크고 작은 온갖 잡동사니를 전부 해석해놓은 학자들의 노력도 크게 다가왔다. 3000년 전 상형 문자를 이해하다니!

기원전 인류는, 저 당시 인류는 우리와 같은 인류일까? 꼭 신체적인 특징을 배제하더라도 같은 생각을 하고 살았을까? 저들에게 보편적인 가치는 무엇이었을까? 저들에게 사랑은 어떤 것이었을까? 우리와 같았을까? 달랐을까? 우리도 의식하지 못 하는 새에 우리와 우리 후대인류의 정신이 다를까? 의식이 달라질까? 우리 세대를 전시하는 박물관이 생긴다면 무엇이 들어설까? 구글, 컴퓨터, 높은 고층빌딩의 잔해쯤이 그것일까? 우리가 보고 있는 이 유적은 진짜일까? 허상은 아닐까? 그렇다면 무엇이 진짜일까?

과거를 보고 수많은 생각을 하는 사람이 있는 데 반해 별다른 생각을 하지 않는 사람이 있다. 나는 전자다. 같은 물건이라도 이 물건이 300년이 되었다고 하면 어떤 신성성을 부여하게 된다. 그 물건 위로 쌓였을 수많은 사람의 삶과 시공간이 크게 다가오기 때문이다. 어쩔 수 없이 역사학도인가 보다. 자신을 깨달았다.

아메리카관, 이슬람관, 인도관을 재빠르게 훑고 곧장 일본관으로 향했다. 나름 동양사학과라고 아는 것을 보고 싶었다. 생각보다 컬렉션 규모가 단출했으나 시대별로 깔끔히 정리되어 있어서 만족스럽게 보고 나왔다. 한국관 역시 슬쩍 들어가 보았는데 생각보다는 크고 다양한 세시풍속과 전통을 깔끔하게 설명하고 있는 공간인 것 같아 놀랐다. 가장 기대하던 중국관은 아쉽게도 보수공사 중이어서 중국 자기 컬렉션만 보고 나왔다. 중국관이 무척 흥미로웠을 텐데……

아프리카관까지 재빠르게 훑고 나오고자 했으나 다리가 말을 듣지 않아 저녁을 먹으러 나섰다. 대영박물관 자체가 굉장히 흥미로운 공간이다. 크고, 인류 만물이 다 모여 있는, 3000년 전의 무덤 유물부터 작년에 죽은 현대 화가의 그림까지. 어찌 보면 뒤죽박죽인, 우리네 세상 같은. 오늘 하루도 참 길었다!

돌아오는 길에 : 여행이 주는 깨달음

대영박물관을 보고, 참 많은 사람이 각자의 모습으로 살았고 살아왔다는 것을 느꼈다. 그릇 종류만 해도 어쩜 그리 다양한지.

여행을 오면 보인다. 그 도시에 원래 거주하는 사람들도 보이고, 수많은 여행객도 보인다. 외모도 제각각이고 아마 성격도 제각각일 것이다. 아주 많은 종류의, 다양한 삶과 이야기들이 있다. 한국에 있으면 별의별 조바심이 다 생긴다. 너무 늦은 건 아닐까, 너무 부족한 건 아닐까, 너무 모자란 건 아닐까. 남들과 너무, 다르게 사는 건 아닐까. 다름은 틀림이 아니라는 그 상투적인 문구를 받아들이기는 여간 쉽지가 않다.

여행을 오면 보인다. 다른 게 당연하다. 다르게 살아도 된다. 그리고, 사실 아주 다르지도 않다. 사람 사는 거 가까이 혹은 멀거니 보면 다 비슷하다. 너무 조바심내지 말자! 그러다 내 삶 진짜 어디로 가는지도 모를라.

보름째 런던:
짜릿한 새벽 네 시
—

태어나서 한 도시에 보름 이상 머무른 적 있을까. 나고 자란 동두천과 양주, 학교가 있는 서울을 빼고 말이다. 심지어 한국에서도 이 도시들 외에 보름을 머물러 본 적은 없다.

런던. 이제 다리들의 이름이 슬슬 구별되고, 키다리 후원자님들이 말했던 것처럼 12파운드가 어느 정도의 가격인지 감이 온다. 어제는 결국 새벽 네 시에 잠들었다. 종일 읽은 해리포터 8권의 결말이 궁금해서 견딜 수가 없었다. 영어가 한국어처럼 읽히고 받아들여지는 기적. 해리포터는 항상 내게 기적을 만든다. 어떻게 이런 중요한 이야기들과 깨달음들을 마법으로 전달할 수 있지……? 냉전 시대에 해리포터가 있었다면 더 일찍 종식되었을 것이라고 믿는다. 세 시에 1회 독을 끝내고 마음에 드는 부분을 찾아 다시 읽으니 네 시가 다 되

어 있더라. 내가! 런던에서! 해리포터를 읽느라! 밤을! 샜다니! 맙소사! 몹시 사랑스러운 새벽이었다.

새벽에 잔 터라 훨씬 늦게 일어날 줄 알았는데, 눈 떠보니 열 시였다. 게다가 꿈속에서도 누군가와 런던 여행을 하고 있었다. 이제 한국에 돌아가면 1층 버스가 생소하겠다는 생각이 들 만큼 익숙해진 빨간 이층버스를 타고 길을 나섰다. 여행 막바지에 다다르니 그동안 아낀 보람이 있는지 지금이 여유 있는 편

이었다. 영국의 천재 요리사의 음식을 가장 싼 가격에 먹을 수 있다는 코벤트 가든의 맛집으로 향했다. 아점을 두둑이 먹을 생각이었다.

다시 찾은 코벤트 가든

코벤트 가든은 여전히 정갈하고, 붐비고, 활기 넘치면서도 어딘가 고상했다. 다행히 식당을 일찍 가서 기다리지 않고 먹을 수 있었지만 나올 때쯤 보니 꽤 긴 줄이 있었다. 맛은 저렴한 체인점이라서 그런지 사실 뛰어나다는 생각은 들지 않았다. 그러나 양이 많아서 흡족하게 먹었다. 손이 야무지지 않은 종업원 한 명이 이것저것 실수하는 것이 보였다. 나도 손이 야무지지 않은 편이라 집

안일을 할 때나 엄마 분식점 일을 도울 때 한 소리 듣는 편인데 비슷한 종업원을 보니 무척 반가웠다. 물론 반가워하면 안 되는 상황이었지만.

런던에서는 '레스토랑' 비슷한 곳에 오면 꽤 번거롭다. 한국처럼 종업원을 부르는 시스템이 아니라 종업원이 각 테이블을 체크해서 기다리고 있으면 주문을 받으러 오고, 음식을 내오고, 다 먹으면 디저트를 물어보고, 계산까지 가만히 앉아서 이루어진다. 영수증을 가져오고 나면 내가 금액을 확인할 때까지 또 시간이 주어지고 그러고 나서야 계산을 할 수 있다. 그 기다림의 과정이 무척 번거롭고 답답하지만, 귀족 문화의 전통이 반영된 것이라고 해서 받아들이고 있다.

펍에 가면 패스트푸드점과 같이 직접 주문을 하러 가고 받아와야 하는데, 한 도시의 식사 문화가 이토록 상반된 점이 인상적이다.

아, 그래도 런던 맥주를 한 번 마셔봐야 할 것 같아 맥주도 한 잔 시켰다. 종류 탓도 있겠지만 산도가 있고 알코올 향이 강해 내 취향은 아니었다(잘 못 마시는 주제에 둔탁하고 곡식 향 나는 맥주를 좋아한다). 내가 맥주를 주문하니 종업원과 옆자리 손님들이 모두 놀랐다. 옆자리 백인 할머니께서는 내가 열일곱인 줄 아셨단다. 이들에게 나는 나이 들지 않는 신비한 존재일까.

그리고 만난 플리마켓과 쇼핑!

코벤트 가든에서 나와 한국의 친구가 부탁한 물건을 사러 발걸음을 옮기던 중 때아닌 플리마켓을 만났다! 오늘 'SevenDials' 거리에서 행사가 열리는 모양이었다. 도시 한복판에 깔린 잔디와 벤치, 건초더미, 노란 풍선들, 온갖 맛있는 것과 플리마켓! 영국에서 마켓은 많이 봤어도 이렇게 길거리에서 작게 열린 플

리마켓은 또 처음이라 정신없이 구경하고 무언가에 홀린 듯 쇼핑도 했다. 웅성거리며 밝은 기운을 마구 내뿜는 사람들을 만나니 기분이 좋아졌다. 길거리 쇼핑의 흐름을 타고 이 가게 저 가게 들어가다가 장난감 백화점도 들어가 보았는데, 온 직원들이 실제로 장난감을 하나씩 시연해보고 있어 도통 정신이 없었다. 그러나 그 직원들의 얼굴과 그들이 맞는 어린 손님들이 진심으로 즐거워하고 있었기에 비눗방울을 맞고 온갖 신호음에 귀가 멍해도 덩달아 행복해졌다.

테이트 브리턴

그리고 버스를 타고 테이트 브리턴으로 왔다. 이쯤 되니 이층버스를 타고 런던 동서남북을 누비는 홍길동이 된 것 같았다.

테이트 브리턴 역시 컬렉션 규모가 방대했기에 욕심내지 않고 터너 한 사람만 보아야겠다고 생각했다. 영국이 자랑하는 천재 화가, 국민 화가 작품을 본토에 왔는데 봐야겠다는 생각이 들어서였다. 짐이 무거운 상태라 귀찮았는데 Clock room이 무료라서 아주 행복했다. 은혜로운 무료 테이트여⋯⋯ 짐까지 벗어 던지고 홀가분한 상태로 작품을 찾아다녔다.

터너는 그저 압도적이었다. 그는 붓놀림으로 하늘을 만들었다. 평면 안에서 입체를 구현했다. 아주 작은 새 한 마리, 사람 한 명도 놓치지 않았다.

그는 보이는 것을 그렸지만 보이지 않는 것도 그렸다. 인상적이었던 것은 보이는 것을 그렸음에도 불구하고 보이지 않는 것처럼 그렸다는 것이었다. 그는 자기의 마음을 그렸다. 자신이 본 풍경을 복제했다기보다 자신이 무엇을 보고 있고, 그로 인해 무엇을 느끼고 있는지 그 감정과 생각을 담았다. 그가 보고 느꼈을 것들이, 그 정경과 분위기가 고스란히 느껴졌다. 그림을 보고 따뜻해지고 무서워지고 울적해지고 비장해졌다. 그 하늘, 그 빛, 그 온기, 그 소란. 그 모든 것들. 말로는 표현할 수 없다!

보이지 않는 것들도 그의 마음 안에서 완벽히 구현되었고 그렇기에 생생했다. 이를테면 성경과 신화, 그는 자신의 마음에서 그것들을 보았고, 그렇기에 실제로 본 것처럼 그 장면들을 생생히 그리고 있었다.

터너의 그림에 압도된 후에는 이 그림 저 그림 무작정 보았다. 헨리 무어의 조각 컬렉션도 보고, 여전히 세련되고 힙한 1930년대 작품도 보고, 영상 작업도 보았다. 작가들의 그림 속에서 옛 영국을 만나는 것도 즐거웠다. 특히 런던과 옥스퍼드는 내가 찍은 지금의 사진들과 비교하니 똑같아서 아주 신기했다.

테이트 브리튼에서의 발견

지하에서는 흥미로운 컬렉션을 찾았다. BBC PD였던 사람이 자신의 컬렉션을 기증한 것이었다. 그곳에는 4분 33초로 유명한 존 케이지의 악보, 플렉서스의 첫 리플렛 등이 있었다. 그는 음악 CD, 전시 도록, 편지, 명함, 리플렛, 심지어는 메뉴판 등 모든 것을 모았다. 그 양은 많았고 가진 가치는 대단했다.

나의 직업과 상관없이 평생에 걸쳐 나만의 무언가를 지속적으로 하고 싶다. 그것이 나의 세대나 후대를 위한 것이면 더 좋겠다. 그것은 계속 생각해오던 희망 사항이었다. 저 PD에게는 수집이 그것이었다. 나는? 글쓰기? 나의 텍스트가 가능할 것이다. 또 무엇을 할 수 있을까.

나의 세계를 일구고 가꾸고 싶다. 런던에 와서 자꾸만 생각한다. 직업이나 지위도 중요하지만, 그것과는 상관없이 언제나 나로서, 나만이 할 수 있는 일들. 고민해야겠다!

어느덧 런던 살이도 보름 째다!

열여섯 번째 하루 :
일찍이 오래된 저녁 일곱 시

어젯밤은 해가 무척 일찍 졌다. 방의 불을 켜지 않고 침대 위에서 노닥거리고 있는데 생각보다 일찍 어둑해져서 놀랐다. 까만 어둠이었다. 한국에서 새벽 두세 시까지도 잠이 안 와서 매일 고생한다는 것이 믿기지 않을 만큼 이곳에서는 열 시만 되면 잠의 노예가 된다.

언제 잠들었는지 모르겠는데 눈을 떴다. 이곳에서는 알람 없이도 잘 일어난다. 애쓰지 않고 쉽게 잠드는 일도 행복하고, 알람 없는 아침을 3주나 맞는 것도 참 행복하다.

눈을 떴는데 런던 특유의 회색빛이 감돌았다. 플랫 메이트들은 어제 아예 들어오지 않은 건지 집 전체가 조용했다. 게다가 일요일이라 마을 전체도 조용했다. 창밖으로 사람 한 명이 안 보였다. 급격히 우울해졌다. 향수병이라도 앓는 걸까. 갑자기 한국어가 하고 싶어졌다.

어쨌든 나와야겠다 싶어서 나왔다. 이제 런던에 머물 날이 6일밖에 남지 않았다. 움직이지 않는다면 분명히 오늘의 게으름을 후회할 것이 뻔했다. 일단 집 근처 카페를 찾아 헤맸다. 사람들을 발견하고 나면 마음이 많이 나아질 것 같았다. 비행기가 낮게 떠가고 있었다. 서울로 돌아가기 싫은 마음과 돌아가고 싶은 마음이 동시에 들었다.

터전이라는 것은 얼마나 복잡한가? 그곳은 내 살과 피가 엉겨있기에 아주 편안하다. 동시에 내 땀이 있는 곳이기도 하다. 묶여야 하고 발붙여야 할 것들, 땀 흘려야 할 것들이 있다. 내가 발 딛고 사는 곳이기에 곧 현실이다. 그리고 현실은 언제나 공격적이기 마련이다. 그러나 그걸 이겨낼 만큼 따스하다. 내 땅이니까, 땅은 안정적이니까. 언젠가 한국 말고도 내가 터전이라 부를 곳이 생길까? 그건 어떤 느낌일까? 런던도 터전이 되면, 현실이 되면 나는 이곳을 그리워하면서도 벗어나고 싶어 할까?

이런저런 생각을 하다 보니 카페에 도착했다. 이곳이 터전인 이들이 보였다. 마음이 괜찮아졌다. 사람을 먹고사는 사람이다 나는. 사람의 온도 이야기 보조개 손짓 눈과 귀걸이 목소리 같은 것들을.

V&A 뮤지엄

카페에서 기운을 얻어 뮤지엄에 왔다. 여기서도 대영박물관과 마찬가지로 짐 검사를 하는데 나는 사우스 켄싱턴 지하철역에서 연결된 출입구로 가서 단번에 입장할 수 있었다. 그렇게 팁이라면 팁이랄 것들이, 노하우라면 노하우랄 것들이 생기고 있었다. 뮤지엄을 보니 이내 지친 몸과 마음을 이끌고라도 오길

잘했다고 생각했다. 뮤지엄 역시 대영박물관만큼 크고, 소장품의 내용과 범위도 각양각색이어서 역시 전부 보는 것은 포기했다. 일본관, 중국관, 너무 작아서 보았다고 하기도 민망한 한국관, 15~17세기의 영국관, 17~18세기의 유럽관, 이슬람관, 인도관, 패션관을 돌았다.

뮤지엄 곳곳에는 직접 체험해 볼 것들이 많았다. 서랍을 여닫고, 만지고, 책을 넘기고, 거울 속 큐레이션을 찾아다녔다. 발바닥 모양이 있어 서보니 스크린이 열리고 중세 베네치아의 무도회, 도박장, 아침 식사 장면이 펼쳐졌다. 스크린 속 주인공의 안내에 따라 나도 춤을 추고, 카드를 섞고, 칼질했다. '놀이'라고 하는 것이 인간에게 얼마나 즉각적인 즐거움을 가져다주는지 실감했다.

느낀 것은, 세상에는 정말 많은 문화가 있고 공부할 게 아주 많다는 것. 특히 인도와 이슬람의 역사는 공부해두어야 할 것 같다. 그리고 인간 문명이 17세기에 이미 완성된 것 같다는 것. 참 화려하게도 살았다. 어느 문명권이든. 그리고 이렇게 문명이 완성되고 나서야 '계몽'의 시기가 도래했다니 인간은 참으로 늦게 서야 신에게서 벗어났다는 것. 그리고 아직도 온전히 벗어나지 못했다는 것. 계몽이 신으로부터 인간을 해방한 것인지 아니면 오히려 더 많은 이들에게 신을 전파한 것인지 모르겠다는 것!

그저, 진짜 다들 화려하게도 살았다는 것만 명확하다.

그리고 나는 정말 게으른 사람이다. 그 많은 컬렉션 중에 기억에 남는 것이 침대였다. 나도 돈을 많이 벌어서 저렇게 3중 매트리스로 된, 천장과 네 개의 다리가 있고 다리마다 모두 커튼이 달린, 온전한 나만의 공간과 어둠을 만들어주는 침대를 가져야겠다고 생각했다. 17세기 사람도 했는데 나라고 왜 못해!

그리고 줄곧 접시를 모으고 싶다고 생각했던 마음이 확실해졌다. 요리도 못하는 주제에 접시, 컵 같은 가재도구에 엄청 관심이 많은데 이곳에 와서 엄청

화려한 그릇들을 보니 수집욕이 마구마구 상승했다. 돈을 많이 벌어야 하나.

    V&A 뮤지엄은 뮤지엄 자체 때문이라도 보러 와야 한다. 건물 자체가 놀랍도록 예쁘고 바닥, 천장, 구석구석이 안 예쁜 곳이 없다. 게다가 샵을 따라 나가면 엄청난 정원이 있는데 그 정원만으로도 충분히 올 가치가 있다.

자전거

뮤지엄을 다 보고 근처에 있는 임페리얼 칼리지, 로열 앨버트 홀까지 모두

보았다. 사우스 켄싱턴. 런던의 잘 사는 동네답게 건물들이 모두 으리으리했다. 사우스 켄싱턴을 둘러보고 나니 배가 아주 고픈 상태여서 먹을거리가 많은 소호로 이동했다. 그런데 길을 잘못 들어 템플 가든에 도착하고 말았다. 한참 당황한 상태에서 주위를 둘러보니 Santander 자전거 대여소가 있었다. 2파운드를 내면 30분 동안 자전거를 탈 수 있고, 대여와 반납하는 곳이 런던 곳곳에 있는 Santander 자전거는 런던에 있는 동안 꼭 한 번 타봐야겠다고 생각했었다. 배가 엄청 고팠고, 템플 가든에서 워털루 역을 가는 방법도 알았고, 워털루 역에는 프랜차이즈가 잔뜩 있다는 것도 알았다. 생각을 멈추고 자전거를 빌렸다. 템즈 강을 따라 자전거를 몰았다. 빅벤이 보이고, 런던 아이가 보였다. 자전거를 타는 기분은 언제나 좋은데, 이 풍경을 보며 타니 더 좋았다. 워털루 역에 자전거를 반납하고 내리니 얼마나 탔다고 다리가 후들거렸다. 체력 한 번 저질이다. 런던에서 자전거를 언제 탈까 생각했었는데 그건 바로 오늘이었다. 예기치 못한 일을 하고 기대하지 않은 인연을 만나고 생각 밖의 하루를 보내는, 오늘도 런던다웠다.

그리울 거야

워털루 역 Wasabi에서 돈까스와 콜라를 사서 지하철을 타고, 내려서 집 앞 공원으로 향했다. 혼자 먹는 저녁도, 동전을 내밀 때 틀리진 않았을까 헷갈리는 것도 오늘따라 왠지 서글펐다. 진짜 집에 갈 때가 되었나보다고 생각했다. 이런 내 마음을 위로라도 하는 건지 내가 저녁을 한참 동안 꼭꼭 씹어 먹는 내내 비둘기 한 마리가 곁에서 떠나지 않았다. 공원, 비둘기, 초록색, 낮게 떠가는 비행기들, 벤치, 이따금 드는 햇살, 모여 앉아서 이야기를 나누러 모이고 또 떠

나는 사람들, 할아버지와 손자, 키가 큰 아저씨, 홀로 뭔가를 적으며 담배를 태우는 아주머니, 처음 보는 노란색 눈동자를 가진 아이까지.

내가 이 풍경을 얼마나 그리워할지 깨닫고 말았다. 이미 런던이 그리웠다. 이미 런던이 아득해지고, 무척 오래된 시간이 되어버렸다. 슬퍼졌다. 떠나야 한다는 것은 얼마나 슬픈 일가? 머물러야 한다는 것 역시. 나는 무척, 몹시, 그리워할 것이다. 이 순간들을, 시간을, 런던을.

열일곱 번째 런던 :
해리랑 24시간

—

24시간이 24분 같은 하루였다.

아침에 일어나서, 나갈 준비를 하고, 킹스크로스역 맥도날드로 가서 아점을 해결하고, 종업원이 아주 잘생긴 그 옆 스타벅스에서 목을 축이고, 서로 사진을 찍어주기로 한 한국인 동행을 만나, 해리포터 스튜디오로 갔다. 유스턴역에서 왕복 기차표를 끊으니 20분 만에 Watford Junction에 도착했고, 해리포터 포스터를 쫓아가 셔틀버스를 기다려 올라타니 또 20분 만에 스튜디오에 도착했다.

잔뜩 기대하고 들어간 스튜디오에는 해리포터가 있었다. 내가 열 살 때부터 알고 자란, 나의 오랜 친구 해리포터. 그들의 식당, 기숙사, 오두막, 집무실, 버로우, 킹스크로스 역, 호그와트 열차, 다리, 다이애건 앨리.

처음에는 설레고 들뜨다가, 소름이 돋았다가, 나오니 울컥했다. 4시간이 40분처럼 흘러갔다. 스튜디오가 마법이라도 부렸나 보다.

시리즈가 끝났고, 어린 내가 자랐고, 스물둘의 내가 이곳에 왔다. 해리포터와 동시대를 살았다는 것은 정말 큰 행운이다. 나의 어린 날들을, 어른이 되는 길목에 있던 날들을, 그리고 지금도 함께 해주어 고맙다. 나의 희망이 되어줬고 내 본보기가 되어줬고 세상을 믿는 마음을 길러줬다. 나는 언제든지 기꺼이 해리가 초대하는 세상으로 들어갈 것이고 그 마법에 흠뻑 빠질 것이다. 아흔이 되어도 호그와트가 있다는 것을 굳건히 믿으며 내 이웃에게 호그와트 입학증이 날아오기를 기대할 것이다.

오늘은 그저 아무 생각이 들지 않았다. 하루가 어떻게 갔는지 모르겠다. 나는 주문에 걸렸고, 행복했다. 나의 지난 10년이 떠올랐다. 삼총사와 함께한 내 지난 10년.

런던에 머물 날이 이제 3일밖에 남지 않았다. 슬슬 생각해야 할 것들을 해야 하고, 정리해야 할 것들을 해야 한다. 이곳에 도착했을 때의 나와 떠날 때의 내가 달라져 있어야 한다. 오랜 친구들이 마법이라도 걸어준 걸까. 한국에 돌아갈 날이 다가올수록 무거워지던 마음이 해리 덕분에 조금 가벼워졌다.

내가 해리포터에서 가장 존경하는 인물은 위즐리 가의 사람들이다. 위즐리는 순수혈통이지만 그것과 관계없이 모든 마법사와 머글(비마법사)들을 평등하게 생각하고 사랑과 믿음이 이긴다는 것을 굳건히 믿는다. 그들은 순수혈통이 누리는 압도적인 힘, 권위, 지위보다 소박한 일상을 사랑한다. 유혹과 핍박에도 굴복하지 않고 불의에 꿋꿋이 싸운다.

우선순위. 나는 돈을 벌어야 한다. 안타깝게도 나는 부모님이 물려주신 재산만으로 평생을 먹고 살 수 없다. 오히려 부모님을 먹여 살려야 할지도 모른다.

나는 돈을 빨리, 안정적으로 벌어 쓰고 사는 성인이 되고 싶다. 그러나 돈이 내 미래와 직업을 결정하는 데 최고의 우선순위는 아닐 것이다. 런던에 와서 최소한의 월급을 생각해보았고, 그것이 충족되는 직업이라면 그 이외의 것들을 고려해야 한다.

일상, 사랑하는 이들, 능력, 최고가 되는 일, 인정받는 일, 치열한 하루하루, 사랑하는 일. 내겐 수많은 사랑하는 것들이 있다. 그리고 내가 이것들을 사랑한다는 것을 경험을 통해 깨달았고 이들 중에 무엇이 가장 중요한지는 경험을 통해 깨달아나갈 것이다. 나는 경험주의자니까!

그리고 그 많은 경험 와중에서도 '나'라는 사람을 잃지 않아야지. 내가 왜 위즐리 가를 존경하고 좋아하는지, 그런 삶을 살고 싶다고 생각하는지, 언제나 그 이유를 절실히!

런던은 내게 답을 주지 않았다. 답을 줄 것이라고 예상하지도 않았다. 여행 한 번으로 내가 크게 바뀌고 내 삶에 답이 술술 찾아진다면 세상은 예수와 부처로 넘쳐날 것이다. 하지만 나는 더는 멍하니 내 삶을 따라가진 않을 것이다. 삶과 더불어 살고, 고민하고, 생각하고, 또 선택할 것이다.

내게 해리처럼 커다란 사명이 있는 것은 아니지만 해리만큼 곁에 좋은 사람들이 있다. 그 사람들과 더불어 하루하루 살다 보면 또 보이겠지! 그다음 화살표들이!

열여덟 번째 오후 :
네 시와 런던

—

한국으로 돌아갈 날이 코앞이다. 오늘 밤과 내일 밤을 자면 집으로 돌아간
다. 시간이 참 빠르다. 시간이 참 빠르다는 상투어로 이 상황을 쉽게 표현하기
엔 상황은 참으로 복잡하고 내게 수많은 생각을 가져온다. 혼자 떠나는 여행이
라니, 그것도 유럽으로, 그것도 20일씩이나. 매일 밤 겁에 질려서 런던 지도를
외우다시피 한 7월이 엊그제 같은데 내 여행이 끝났다고 한다. 돌이켜보면 걱
정했던 것처럼 무서운 순간도 분명 있었다. 그 순간들이 무의미하게 느껴질 만
큼 런던은 내게 많은 것들을 보여주었다. 나는 자꾸 용기 내고 싶어졌다.

한국에서보다 훨씬 하루가 일찍 끝난다. 여섯 시면 대부분 가게가 문을 닫는
다. 펍을 제외하고는 온 도시가 깜깜하다. 그래서 나도 여섯 시면 일정을 마치
고 숙소로 돌아온다. 그런데 참 아이러니한 게, 한국에서보다 훨씬 하루가 길

다.

　하루가 참 길다. 런던에서 매일 느꼈다. 한국에서는 아침에 일어나면 오늘의 할 일들이 기다리고 있고 하나씩 해치우다 보면 어느새 밤이 되어 있었다. 이대로 가버린 하루가 아쉬워 새벽의 끝을 잡고 있다 간신히 잠이 들었다. 런던에서는 알람도 없이 이른 아침부터 눈도 번쩍번쩍 떠지고, 이제 숙소로 돌아가도 될 것 같은데 아직 네 시, 이른 오후인 경우가 허다했다. 해가 쨍쨍한.

　매일 같이할 일, 약속, 만남, 연락으로 붐비던 내 하루가 조용해졌다. 바쁜 런던에서 내 마음만 조용하다. 마음속과 머릿속을 쑤시던 모든 잡음이 사라졌다.

나는 내게 주어진 긴 하루를 누린다. 내 세계에 나뿐이라도 충분한, 온전한, 아주 긴 하루들을.

오늘도 길다. 내일 뮤지컬 The book of Mormon을 다시 예매해두었기에 오늘이 온종일이 자유로운 마지막 날이었다. 아껴두었던 티 룸도 가고, 서점도 가고, 내셔널 갤러리도 들렀건만 아나나 다를까 네 시였다. 집에 가기 싫다. 런던에 머물 날이 얼마 남지 않았다. 나는 이 하루를 더 잡고 있고 싶단 말이다. 아이러니하다. 이제 숙소를 '집'이라고 부르기 시작했는데 떠나야 한다니.

런던의 서점들이 하나같이 얼마나 풍성한지, 런던의 어떤 레스토랑이 가격도 합리적이고 맛있는지 이제야 알게 되었는데. 2존의 지하철 노선이 익숙해지고 사방에서 들려오는 영국식 악센트가 이제는 낯설지 않은데 말이다.

떠날 때가 되니 별생각이 없다. 내게 선물처럼 주어진 20일을 내가 과연 잘 썼나, 왜 글들은 엉망진창인가, 뭘 했다고 벌써 끝나가나, 돌아가기 싫다. 복잡하고 다양한 층위의 생각을 해보려고 해도 생각은 계속 돌아온다.

런던은 내게 친절한 도시였다. 걷다 보면 나오는 공원과 늘어져 있는 사람들, 우울해지려 치면 다시 나타나 주는 햇살, 내 토끼 가방을 보고 감탄한 가게 직원. 아 - 돌아가기 싫다.

오늘 만난 런던

런던 리뷰 북샵은 규모가 크고 책이 잘 갖추고 있기로 유명한 서점이다. 북샵 옆에는 케이크샵이 있는데 그 공존이 무척 사랑스럽다. 책 향기와 차의 향이 같이 난다. 그곳에 모인 사람들은 책과 차와 케이크에 관해 이야기한다. 세상에서 가장 사랑스러운 것들에 대해서! 아껴두었던 내셔널 갤러리는 역시 대단했고, 이제 런던이 가진 컬렉션에 놀라는 것도 지쳤다. 인상적이었던 것은 내가 작품 이름만 대면 몇 번 갤러리에 있고, 그 방은 어떻게 가면 되는지 알려주는 직원들이었다. 어떻게 그렇게 바로 튀어나오는 것이지? 그렇게 수많은 컬렉션과 갤러리들 사이에서? 직원들은 하나같이 내셔널 갤러리 박사였다.

하나에 대해 깊이, 자세히 꿰뚫고 있는 사람들을 깊이 존경한다. 나도 무언가에 그런 사람이 되고 싶다.

마지막 밤

내일은 떠나는 날이다. 오늘은 아점으로 파이브 가이즈 버거를 먹었다. 내 입맛에는 지금까지 먹어온 버거 중 가장 맛있었다. 밀크쉐이크도. 그러나 감자 튀김은 그저 그랬다.

그리고는 다양한 사람들이 점심을 해결하는 코스타 커피 한구석에 눌러앉아 사람들이 지나다니는 걸 보고 이야기를 주워들었다. 그리고 두 시 반에는 두 번째 뮤지컬을 보았다. 전율이 도는 것이 몇 차례, 마지막에는 눈물까지 찔끔 났던, 실망하게 하지 않는 북오브몰몬.

언제나 같은, '마지막'이라는 수식어가 없으면 유독 애틋하지도 않을 그런 하루였다.

그리고 런던을 걸었다. 세 번째 날 들어갔던 서점에 다시 들어가 추천 코멘

트들을 꼼꼼히 읽고 내가 런던을 어떻게 담아낼 수 있을까 생각해보려고 런던 여행 책도 읽었다. 그리고 코벤트 가든으로 가서 꼭 먹어보리라 다짐했던 라뒤레 마카롱도 샀다. 그리고 강변으로 내려가 강을 바라보며 마카롱을 먹었다. 기대가 너무 큰 탓이었는지 별로 맛이 없었다. 사실 맛없는 정도가 아니라 먹어 본 마카롱 중에 가장 별로인 마카롱이었다. 그리고 사람들을 봤다. 조금 찌그러진 캔 콜라를 먹으며 자전거를 타는 사람들, 산책하는 사람들을 봤다. 그들이 궁금했다. 왜 저 셋은 같이 산책을 하는지, 왜 턱수염을 기르는지. 지하철을 탔다. 그들이 궁금했다. 왜 그 셔츠를 선택했는지, 오늘은 무엇을 했는지, 지금 읽고 있는 그 책은 무슨 내용인지.

그들도 내가 궁금할까? 왜 저 여자는 자신을 빤히 쳐다보고 있는 건지, 여행객인지, 토끼 가방은 대체 왜 메고 있는 건지.

런던은 자꾸 나를 궁금하게 한다. 그리고 사랑하게 한다. 사랑하는 것들이 많아지는 삶은 얼마나 의미 있는가! 사랑하는 게 많아진다는 것은 동시에 나를 슬프게 하는 것도 많아진다는 것이다. 그러나 사랑하는 게 없는 삶을 사는 것은 죽은 것과 다름없다.

나는 사랑하는 게 많아졌다. 본 적 없던 세계에 와서 만나게 된 대부분을 나는 사랑하게 되었다. 이 공원, 이 햇살, 다양한 머리칼의 사람들, 넥타이, 뮤지컬, 이 모든 것이 그리워질 거고 그래서 슬플 것이다. 왜냐면 나는 이 모든 것들을 사랑하게 되었으니까!

내가 사랑하게 된 것 중 가장 획기적인 것은 불확실성이다.

마지막 밤의 공원, 오후 여섯 시. 옆 벤치의 남자아이는 이 공원을 내일 오후 여섯 시에 또 올 수 있다. 그러나 나는 그럴 수 없다.

이 공원을, 이 바람을 나는 언제 다시 느낄 수 있을까. 나는 런던에 언제 또

올 수 있을까. 인생은 참으로 한 치 앞도 모르는 것이라서, 어쩌면 한 달 뒤에 이곳에 다시 오게 될지도 모른다. 10년이 걸려도 어쩌면 평생 이 공원은 다시 찾지 않을지도 모른다.

삶이란 이토록 불확실하고 불안정하다. 그것은 삶이 가진 가장 고유한 것이고, 가장 매력적이며, 가장 감당하기 힘든 것이다. 오랫동안 이 불확실을 두려워하기만 했다. 삶이 내놓는 가장 매력적인 요리를 코스에서 선택하고 싶지 않아 바둥거렸다. 내가 스물둘의 여름에 런던에 오게 될 줄을 그 봄에도 몰랐다. 멋진 일이다.

마냥 두려워하지 않고, 겁내지 않고 삶이 주는 불확실과 한 치 앞도 모르는 날들을 누려보자. 즐겨보자. 겁내고 있으면 아무 일도 일어나지 않는다. 아무 것도 하지 않는다면 멋진 일은 언제나 상상 속에서나 일어날 것이다. 이것이 런던에서 내가 사랑하게 된 것 중 가장 획기적인 것이다.

런던과 나

이야기를 쓰는 삶을 살고 싶다. 에세이도 좋고, 소설도 좋다. 극본도 좋을 것이고, 콘티도 좋을 것이다. 이야기를 쓰고 싶다. 창작하는 삶을 살고 싶다. 그게 어떤 형태로든, 어떤 방식으로든. 런던에 와서 이 생각 하나만큼은 아주 확고해졌다.

그리고 좋은 창작자가 되려면 많이 보고, 많이 느껴야 하는 것 같다. 큰 세상을 담고 있는 사람일수록 다양한 이야기를 할 수 있을 테니까.

런던에 와서 확고하게 알게 된 것은 내가 지키고 따라야 할 것은 명함들이 아니라는 것이다. 어떤 직업을 가지고 어떤 회사에서 일할 지보다 내가 어떤 삶을 살고 싶은지 그런 궁극적인 것, 그런 본질적인 것을 지키고, 그것에 따라 방향을 결정해야 한다는 것이다. 물론 내 밥벌이는 하고 살아야 하기에 명함이 필요하겠지만 더 부지런해지고 싶다. 내가 살고 싶은 삶을 잊지 않기 위해서, 포기하지 않기 위해서 부지런해져야지! 엄청난 불안감에 휩싸여 퀘스트를 해결하는 것처럼 명함을 얻는 것은 그만두어야지! 무작정 살고 꾸역꾸역 사는 것은 멈춰야지!

그리고 런던이 알려준 것은 나는 '나'를 표현하는데 형편없다는 것이다. 이토록 글쓰기가 어려운 적이 있었나? 나는 나를 잘 모르고, 알고 싶지도 않았다. 스무 살이 되어서야 나라는 사람에 대해서 돌아보게 되었고 이 런던 여행은 그

종착역과 비슷했다. 집요하게 나를 알아야 한다. 혼자서 시간을 보냈다. 느끼고 있는 모든 것들이 온전히 내 몫이었다. 새로운 것은 끊임없이 밀려오는데 같이 감탄하거나 공감하거나 조언해 줄 누군가가 없었다. 나는 나와 의견을 나누고 생각을 정리했다.

20일 동안 나랑 런던밖에 없었다.

나와 런던. 조사 '와'가 이토록 적절한 것임을 깨닫는다. 우리는 20일 동안 나란히 있었다. 서로의 세계를 자꾸만 건드리면서. 런던이 있어 주었다.

런던이 그리울 거다. 런던도 나를 그리워해 줄까?

서울에서 내가 그립다는 연락이 날아온다.

나를 그리워 해주는 이가 있는 도시가 이 세상에 존재한다는 것은 벅찬 일이다.

오늘이 마지막 밤이다. 내게 이 시간이 어떻게 기억될까. 나는 어떻게 이 순간을 떠올리고 그리워할까. 내 일상을 얼마나 바꿀까.

마지막 오전

381번 버스를 타고 런던 아이로 향했다. 런던을 떠나는 날 런던 아이를 타겠다고 다짐했었다. 20일을 머물렀으니, 높은 곳에 올라가 찬찬히 내가 여기 갔었지, 맞아 여기도 있었지, 하고 돌아보겠다는 것이 야심 찬 목표였다. 그러나 런던 아이를 타고 본 런던은 또 처음 보는 모습이었다.

후회하기 시작했다. 더 움직일 걸, 덜 무서워할 걸, 더 부지런히 고개를 들어 두리번 두리번거릴 걸, 더 느낄걸. 더 고스란히 열심히 런던을 담을걸. 런던 아이 옆 쥬빌리 파크에서 시간을 보내는 런더너들을 멀거니 바라보며 후회했다.

마지막 오전을 보내고 숙소로 돌아와 짐을 챙겼다. 처음 온 날처럼 텅 비어버린 방이 낯설었다. 20일 동안 이곳을 꽉 채워가며 지냈는데, 맘껏 어지르고 맘껏 빈둥대며 지냈는데, 언제 그랬냐는 듯 방은 텅 비었다. 작별 인사를 위해 찾아온 호스트와 포옹을 하고 플랫메이트들에게도 마지막 인사를 했다. 런던

이 맘에 들었냐는 질문에 연신 고개도 끄덕였다. 공항으로 돌아가기 위해 지하철을 타러 돌아가는데 마음이 정말 이상했다. 한 여행의 끝이 이토록 애틋한 적이 있었나? 늦은 저녁, 한껏 긴장하고 한껏 두근대는 마음을 안고 버몬지 역으로 왔고, 에드를 만났고, 낯선 이곳으로 왔다. 그 모든 시간이 이토록 생생한데 이곳을 떠나야 한다. 시간은 이토록 빠른데 그 흔적은 참 깊숙이도 남았다.

20일, 이곳을 떠나는 게 실감 나기 시작했고 그것은 사무치게 뭉근했다. 숙소에, 지하철역에, 런던의 신사들에게, 신문을 읽고 있는 할머니에게 마음속으로 조용히 작별 인사를 했다. 런던에게 마구마구 인사를 날렸다. 고마웠다고.

여행을 끝내며

나에게 현실에 발 딛고 사는 일은 참 어렵다. 내가 가진 두 개의 세상은 언제나 치열하게 다툰다. 하나는 현실이고, 하나는 그것과 완벽히 차단된 진공관 같은 마음이다. 슬프고 힘든 일이 다가오면 나는 그 진공관으로 들어가 시뮬레이션 게임 하듯 내 인생을, 내 현실을 관조한다. 그렇게 도망치고 나서는 생각한다. 나는 슬프지 않아, 슬픈 건 저 진공관 밖의 나야. 나는 내게로 오는 현실과 감정들로부터 나를 차단하고, 생각해버리기를, 느끼기를 포기한다. 그렇게 내 현실은 나와 무관 되게 흘러간다. 어디로 가는지도 모르게. 마비된 채로. 나 역시 그렇게 살고 있어, 현실에 발 딛으려고 바둥거리며, 하고 같은 증상을 고백해오는 사람들이 얼마나 위로가 되었는지 모른다.

여행은 진공관 속의 나를 끌어낸다. 여행이 보여주는 현실은 너무 낯설다. 그 생경함에 살아남기 위해 진공관 밖으로 나올 수밖에 없다. 자꾸 물을 수밖에 없다. 너 지금 어디로 가고 있냐고. 나는 진공관 밖으로 나와 살갗으로 느낄 수밖에 없다. 내게 다가오는 모든 것들을 생각해낼 수밖에 없다.

런던에 있는 동안 나는 항상 현실을 살았다. 그 느낌은 벅찼고, 그리고 안정적이었고, 괜찮았다. 나는 도망치지 않았고 내게 다가오는 감정들을 소화했다. 그리고 내가 외면하고 있던 것, 생각하지 않았던 것들을 생각했다.

나의 런던을 곱씹으며 공항에 도착했다. 마지막으로 오이스터 카드를 사용했다. 특유의 발음이 녀석히 묻어나는 영어를 들으며 탑승수속을 마치고, 마지막으로 코스타 커피에 왔다. 코스타 커피 같은 프랜차이즈에서도 제공하는 티 세트를 시킬까 하다가 이내 민트초코칩을 시켰다. 한국과는 다른 민트초코칩 맛이 나서 돌아가면 그리울 것 같았기 때문이다. 이제 스물둘의 여름이 끝나간다. 곧 비행기를 탈 것이다. 전광판에 반짝이는 수많은 도시가 보인다. 뉴욕, 델리, 암스테르담, 도하, 마닐라, 광저우. 나는 저 도시들 역시 궁금해진다.

　밤의 비행기는 나에게 색다른 모습을 보여준다. 창밖으로 보이는 높은 야경. 열심히 살아가는 저 하나의 불빛이 되려고 나는 살아가고 있나 보다.

　경유를 위해 다시 찾은 푸둥 공항. 나에게는 여행의 끝인데, 서울로 향하는 중국인들에게는 여행의 시작일 것이다. 나는 긴장이 풀린 채 몸이 노곤히 의자로 녹아드는데 옆자리 중국인은 빳빳하게, 어딘가 긴장되면서 어딘가 설레는 모습이다. 20일 전의 나 같이.

　집이다. 꿈을 꾸고 일어난 것 같이 모든 시간이 믿기지 않는다.

　어떤 시간은 지나고 나서야 비로소 생생하다.
　여행이 그럴 것이다.

정말로 여행을 끝내며

—

가장 그리운 것, 가장 생생한 것은 아무래도 20일 동안 머물렀던 숙소다. 버몬지는 1존과 아주 가까운 2존 지역이고, 주거 구역이다. 덕분에 나는 런던 중심과는 또 다른 런던을 만날 수 있었다. 출근하고, 산책하고, 장을 보는 런던.

런던의 1존만큼 2존과 3존도 무척 매력적이다. 이민자들의 삶이 고스란히 녹아든 거리는 독특하다. 웅장하고 화려한 런던의 1존만큼 머무르고 싶다.

'여행은 살아보는 거야'라는 에어비앤비의 카피가 우스웠었다. 여행은 삶에서 벗어나기 위해 떠나는 것 아닌가? 피난 같은 것, 고단한 삶의 핏줄에 들이대는 수액 같은 것이 여행 아닌가? 그러나 런던에 머물기로 하며, 그리고 머물면서 발견한 모습들은 그 카피를 공감하게 했다.

도피처럼 떠났던 여행들에서 나는 현실의 스위치를 껐다. 생각하기를 거부했다. '살아보는' 여행이 되자 그것이 불가능했다. 점점 익숙해져 가는 하루들은 결국 삶이었고, 삶은 피할 수 없었다. 나는 생각하고, 돌아보고, 현실과 어떻게 잘 지낼 수 있을지 연구했다. 고민하고 생각하기 싫어 떠났던 이전의 여행들과 확연히 달랐다.

여행은 살아보는 거야, 맞아! 이쯤 되면 에어비앤비 나에게 크레딧 안 주나?

진짜로, 정말로 여행을 끝내며

런던에서 쓴 글을 보고 있자니 참으로 형편없다. 내가 이토록 글을 못 썼던가. 생각을 문장으로 바꾸는 일이 이렇게 어려운 일인 줄 진작 알았어야 한다고 생각한다. 그동안 나는 이것을 몰라서 참 오만했을 것이고 이해하지 못한 사람과 세상이 너무 많았을 것이다.

그리움이라는 것은 참으로 이상한 것이다. 지금 내가 하는 생각을 척척 문장으로 바꿀 미래의 나를, 그리고 런던에서 그러기가 참으로 어려웠던 과거의 나를 동시에 그리워할 수 있으니.

런던은 나를 용감하게 했고 동시에 나를 겸손하게 했다.

런던으로부터 배운 것은 나는 생각보다 많은 것을 바꿀 수 있으며 동시에 아무것도 할 수 없다는 것이다.

그동안의 나는 내 힘으로 어찌할 수 없는 것들까지 해보려고 했다.

내가 태어난 집, 내가 태어난 고장, 내가 사랑하게 될 사람, 사랑하고 있는 사람, 최선을 다해도 내게서 멀어지는 사람들, 사람을 녹일 것만 같은 더위와 얼릴 것만 같은 추위.

이미 정해져 버린 것들에 대해서 혹은 내 의지로 정할 수 없는 것들에 대해서 힘겹게 노력하고 있었다. 지금의 내가 그렇듯 예전의 나도 으레 계획을 세웠을 것이다. 그 계획이 어쩌나 견고하고 구체적인지 지금의 내가 가는 길이 바뀌고 있음에도 불구하고 전혀 업데이트되지 않았다. 그리고는 한참 전에 정해진, 오래도록 꿈꿨던 나의 삶과 지금 내 삶을 비교하며 자꾸만 힘들어했다.

길은 바뀐다.

내가 바뀌기에, 그리고 내 힘으로 어찌할 수 없는 것들이 있기에, 내가 가는 길은 늘 바뀌고 있다. 나는 그 길이 바뀜에 따라 때로는 많은 것을 바꿀 수 있을 것이고 때로는 아무것도 할 수 없을 것이다. 내가 내 삶의 최대 주주인 것은 맞지만 100퍼센트를 소유하고 있지는 않다.

내 삶을 최대한 능동적으로 살되 어찌할 수 없는 것들에 대해서는 흘러가는 강물처럼 놓아주는 것.

런던에서 돌아오니 지옥 불바다 같은 더위가 나를 기다리고 있었다.

시차, 급격히 닥친 더위, 습도, 모든 것이 내 몸을 힘들게 했다.

콧물과 눈물이 줄줄 나오고, 어지럼증도 찾아오고, 피부도 뒤집어졌다.

런던을 한껏 앓기라도 한 마냥, 그 후유증은 생각보다 강했다.

그리고 나는 20일의 런던이 내게 준 후유증을 평생 앓고자 한다.

런던이 준 이 마음과 생각들을 잊을 때마다 기억하려고 한다.